道在瓦甓

吴昌硕的古砖收藏与艺术实践

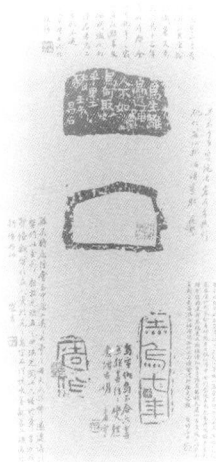

梅松 著

三联书店

图书在版编目（CIP）数据

道在瓦甓：吴昌硕的古砖收藏与艺术实践／梅松著. —北京：
生活·读书·新知三联书店，2017.4
（文史悦读）
ISBN 978 - 7 - 108 - 05788 - 4

Ⅰ．①道…　Ⅱ．①梅…　Ⅲ．①古砖－收藏－中国　②古砖－研究－中国
Ⅳ．① G262.4 ② K876.34

中国版本图书馆 CIP 数据核字（2016）第 191640 号

责任编辑　杨　乐
装帧设计　蔡立国
责任校对　常高峰
责任印制　宋　家
出版发行　生活·讀書·新知 三联书店
　　　　　（北京市东城区美术馆东街 22 号 100010）
网　　址　www.sdxjpc.com
经　　销　新华书店
印　　刷　北京隆昌伟业印刷有限公司
版　　次　2017 年 4 月北京第 1 版
　　　　　2017 年 4 月北京第 1 次印刷
开　　本　880 毫米×1230 毫米　1/32　印张 5.5
字　　数　115 千字　图 91 幅
印　　数　0,001－5,000 册
定　　价　48.00 元
（印装查询：01064002715；邮购查询：01084010542）

本研究获香港近墨堂中国书法研究基金资助

目　录

序

　　梅松君新著杀青，命序于余。余少壮欠学，晚虽芸窗秉烛，然亦莫能悟得古贤深意之一二。先曾祖昌硕府君，酷嗜古砖如癖，此乃金石学蔚成风气以及坎坷身世使然也。然由此而悟得诗、书、画、印诸艺之道，继而悟得人生、宇宙之道，恐已超迈于前人矣。试读缶庐：诗，苍凉郁勃；书，苍劲老辣；画，苍雅浑厚；印，苍古朴拙。而其人生处世则苍然冲和，怎一个"苍"字了得！无怪乎府君尝以"苍石"为号，与苍山之顽石、苍野之古甓为伍。呜呼！天地苍茫间，道在瓦甓，道亦在缶庐焉！

　　大越之墟，古今冠带之国也，固已受灵气于斯。梅松君，字蘱甫，号淇园，吾乡之年轻才俊也，擅书画，善诗文，用心于艺术史、地方文献既久，而注重于清中晚期金石学之研究，故于缶庐生平艺术颇有心得。其淡泊名利，不屑浮华，青灯黄卷，孜孜以求。历数年之心力，钩沉爬梳，章稽句探，卓然而成斯著，虽非宏编巨帙，然却填补缶庐研究之空白。今付梨枣，当为学界所瞻目也。

　　前人尝谓，胸中有故，而能言其所欲言，即所谓中论之言，了然于心。苟为无本而以无忌惮之心出之，则处士横议而已。目今学界不啻妄发横议之处士多矣，等而下之，人云亦云，竞相抄袭者亦不绝于闻。学风至此，曷不令人扼腕浩叹耶！梅松君此书问世，堪为学术界之一清凉散也。或曰治学之道，亦在"瓦甓"。梅松君，庶几得之矣。是为序。

岁在旃蒙协洽清和月既望，七七老人苕翁安吉吴民先拜稿于凤凰山斋南窗

小 引

吴昌硕（1844—1927）是近代声名卓著的艺术家，在金石、书画、诗文等各个领域都有着相当的成就和影响，从某种程度上而言，可以称之为传统"文人画"的殿军人物。民国以后，吴昌硕很快地融入上海经济社会的大潮中，其中不乏王一亭等人推波助澜的作用，同时社会变革也是一个很重要的诱因。吴昌硕以艺术上的造诣和影响力，被举为西泠印社社长，同时还被后人尊为"后海派"领袖人物。但就是这样一位影响深远且广泛的人物，后世对其研究却显得非常单薄，这与他的艺术成就和在近现代的影响力相比并不一致。因此，关于吴昌硕的研究其实还有很多方面值得进一步发掘和阐述。正如范景中先生所指出的："一切美术史家都是旅行家，旅行使人胸襟开阔，识见广博，他不仅能在自己的熟悉领域，临视旧乡，指点江山，而且还可以进入邻界去吸收清寂的空气，凭高极目，获得喜悦。"[1] 对于吴昌硕的研究，实是应该抱有这样的态度，方能全面展

---

[1] 范景中主编，傅新生、李本正翻译《美术史的形状 I：从瓦萨里到 20 世纪 20 年代》，范景中序，中国美术学院出版社 2003 年 3 月 1 日第 1 版。

现他的艺术修养，并给以客观公允的评介。

　　本书截取拙稿《与古为徒——金石视角中的吴昌硕》中吴昌硕与古砖相关的内容修改而成，这是以往研究者涉及甚少的视角。笔者之所以从这个角度去审视吴昌硕，是基于以下两点因缘：一是，当下古砖的收藏方兴未艾，几乎成为金石收藏中的另一热门。[1]一是，清中期以来，杭（州）、嘉（兴）、湖（州）地区古砖收藏的风气甚厚，如阮元（1764—1849）、周中孚（1768—1831）、张廷济（1768—1848）、冯登府（1783—1841）、僧六舟（1791—1858）、陆心源（1834—1894）等人，均罗致甚多，且有著述存世。正是这些原因促使笔者在研究清代中晚期金石学的过程中，不期然地把视线投向古砖文化，从而挖掘出吴昌硕鲜为人知的另一种艺术实践形式。在撰稿过程中，笔者也分别将部分内容以论文的形式在2013年西泠印社110周年社庆举办的“西泠印社国际学术研讨会”和2014年先秦史学会在上海嘉定举办的“首届中国字砖文化研讨会”上进行交流或宣读，将管见求教于宏达大雅之士。

　　吴昌硕嗜古之癖很深，尤其是他侨居苏州以后，更是如鱼得水，在与吴云（1811—1883）、沈秉成（1823—1895）、潘祖荫（1830—1890）、吴大澂（1835—1902）等金石家交往的过程中，不断地汲取养分，逐步完善个人的学术和艺术修养，为其晚年所能取得的艺术成就奠定了基础。由于绌于财力，吴昌硕无力收藏鼎彝等重器，因此价格相对便宜而又容易寻访得到的古砖，便成为其金石

---

[1] 究其原因，主要是当下大兴工程建设的背景下，古砖出土甚多，同时古砖又不为文物部门所重视，因此民间能够较为自由地进行该项交易和收藏。

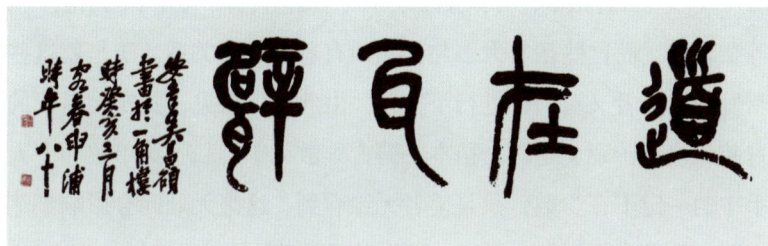

图 1：吴昌硕书"道在瓦甓"。采自晋鸥主编《吴昌硕匾额书法集》，
第 108 页，西泠印社出版社 2014 年 12 月第 1 版

收藏的选择对象。他不但从古砖中汲取养料，以之入印、入书、入诗，而且还以古砖为材料进行砖砚的制作、砚铭的创作，并以砖拓进行博古画的创作等等一系列的艺术活动，这些在文章中都将有所阐述。就在拙稿即将完成之时，上海图书馆的仲威先生在库房内先后发现一些古砖拓本，并撰文发表于《书法丛刊》[1]、《中国书法》[2]等杂志上，而这些拓本大多与吴昌硕有着一定的关系。于是就这些新发现，笔者又对拙稿进行了完善。由此可以想见，其实吴昌硕的古砖（包括砖砚）题跋、拓本、博古画散见于公私收藏单位和个人手中的一定不在少数，只是笔者无缘看到，这毫无疑问会影响到笔者研究的进一步深入和展开，因此不可谓不是件非常遗憾的事。

　　砖，又作专、塼、甄、甓等通假或异体字。《韵会》："甓也。"庄子则有"道在瓦甓"之云，语出《庄子·知北游》。吴昌硕在三十九岁时尝书"道在瓦甓"四字赠予金杰，金杰报之以陶缶一只，这即是吴昌硕斋号"缶庐"之由来。其后，在吴昌硕八十岁时，也曾再书此四字，款云："安吉吴昌硕书于一角楼，时癸亥（1923）三月，客春申浦，时年八十。"[3]【图1】不知他在书此四字之时，是否依然记挂着这位已经去世多年的金石挚友。吴昌硕有很强的社会活动能力，如他广交朋友，据笔者所知不下百数人，涉及书画、金石、文献等各个领域；其身份则有文人雅士、商贾、官宦等；其中还不乏日本、朝鲜等异域人士。以古砖收藏而言，吴昌硕也有一个小范围的交游圈，如金杰便是其中之一。本书用"道在瓦甓"四字作为书目，除了"小物存

---

〔1〕　文物出版社 2014 年第 5 期，总第 141 期。

〔2〕　中国书法杂志社 2015 年第 1 期，总第 261 期。

〔3〕　晋鸥主编《吴昌硕匾额书法集》，第 108 页，西泠印社出版社 2014 年 12 月第 1 版。

大道"之意外，还做了一点小小的拓展，即瓦甓之爱，虽然宋代肇其始，但至清中晚期方蔚然风行于世，尤其是以江、浙为中心的江南地区，其间自有文化渊薮在焉，亦有"道"存焉，故名。

目前，关于古砖的著作还是以传统的砖目、拓本的归类整理为主，依然停留在资料罗列阶段，鲜有从历史学、考古学、文化学、艺术史、社会学等其他领域去探究其价值者。虽然有零星的研究文章，但影响甚小。如殷荪先生在《中国砖铭·文字分册》中对古砖的文化价值、艺术特点作了深入的挖掘和探究；尤其是他在该书的"中国历代砖铭析言"一章中，对先秦至清代为止的砖铭作了深入的比较分析，筚路蓝缕之功，令人敬仰。王镛先生在《秦汉金文陶文书法初论》[1]中，从书体的演变、民间书法的体系以及艺术特征等多方面论述秦汉金文陶文书法，其中亦涉及古砖文字，这无疑是"二王"书法体系之外的拓展。许景元先生、李淼先生在《东汉刑徒砖文及其书法特色》[2]中，挖掘古砖在书法艺术上的价值，对当代书坛不无借鉴之用。随着民间对古砖投入的热情和重视，古砖也逐渐地被学术界和艺术界所珍重，不但在书法、篆刻上取法古砖文字者甚多，甚至还有学者认为在甲骨文、金文之外，古砖文字亦当有一席之地。[3]本书以个案研究的形式，尝试挖掘清中晚期以来的古砖文化内涵，从而为当下的金石热、古砖热推波助澜，也不失为一件有趣的事。[4]这

---

〔1〕　刘正成主编《中国书法全集·秦汉金文陶文》，第1—13页，荣宝斋1992年10月第1版。

〔2〕　同上书，第14—18页。

〔3〕　参见嘉定明止堂与李学勤先生访谈录。

〔4〕　另外，还需要特别指出的是：引文中的中西年份只是大致对应，如有时中历的岁尾实际上应是西历的下一年的年初，且引文中的月份，皆为农历月份；凡引文中圆括号（）内的内容均为著者所注，凡六角括号〔〕内的内容均为原注。

是吴昌硕研究中一个很小的视角，却由此引出百余年前金石收藏中关于古砖的一段话题，展想前贤的文章风流，翰墨遗香，不觉令人心向往之。

第一章

砖之藏——朴学影响下江、浙地区的藏砖风气

金石学萌芽于汉代，兴盛于北宋，以欧阳修（1007—1072）《集古录》、赵明诚（1081—1129）《金石录》为标志，所以金石学又有"欧、赵之学"的别称。至清乾（隆，1736—1795）、嘉（庆，1796—1820）之际，金石学达到鼎盛；道（光，1821—1850）、咸（丰，1851—1861）之时，由于战争的缘故，遂趋向于衰退；同（治，1862—1874）、光（绪，1875—1908）以后，又逐渐呈现出恢复的态势。其间的消长盛衰，实际上是与社会变革、学术流变息息相关，密不可分的。

清中晚期以来，古砖收藏渐成风气，尤其在江、浙地区蔚为大观，体现了朴学影响下金石风气的转换。具体而言，即金石收藏和研究的对象，从碑版鼎彝等相对重要的（官方）器具到砖瓦等相对寻常（民间）物件的转换，与清季的社会、学术发展是一致的。当然，其中不乏如阮元（1764—1849）、翁方纲（1733—1818）等名流的倡导之功，也不乏如张廷济、吴昌硕等后学的向慕之心，但他们的嗜古趣味却是一脉相承的。

第一节　朴学影响下的金石收藏及其风气的转变

明末清初以来，如黄宗羲（1610—1695）、顾炎武（1613—1682）、朱彝尊（1629—1709）等人，以务实的态度、严谨的方式，一改宋、明以来疏空的学风，把学术的目光投向荒郊野岭的碑版砖瓦，遂开启了乾、嘉以后朴学兴起的端倪。从某种意义上来说，朴学是在与宋、明理学对立和斗争中发展起来的产物，与宋、明理学注重阐述圣贤之理义发挥的相对空疏而言，其更注重的是原始材料的收集，主张"无征不信"，文风朴实，内容翔实，因此被后世称为"朴学"或"考据学"，成为清代学术的主流。

在朴学风气熏染之下，注重金石文献材料收集和研究的金石家越来越多。这一群体中，既有经史家、藏书文献家，又有书法家、篆刻家、官宦显贵等，他们在社会中承担着不同的角色，收藏、品鉴和研究相互并进。经史学家偶尔寄兴于金石收藏和研究，他们的主要目的往往是通过金石材料来印证和解决经史研究中一些难以解决的问题，如钱大昕（1728—1804）、阮元、杨岘（1819—1896）、俞樾（1821—1907）等。很多藏书文献家对金石也都有着浓厚兴趣，由于他们对文献相当熟悉，收集和研究金石对他们而言可谓轻车熟路，如吴骞（1733—1813）、叶昌炽（1849—1917）等。至于书法家、篆刻家，除了满足嗜古之趣，金石文字更是他们书法、篆刻取法的对象之一，如黄易（1744—1802）、僧六舟、钱松（1818—1860）、赵之谦（1829—1884）等。而官宦显贵往往都是通过层层科考而取得功名的世家子弟，在经济和学识上都具备较好的条件，所以金石收藏的主要藏家大多是这部分人，特别是一些重器，也只有他们才能有财力和魄力收入囊中，如翁方纲、吴云、沈秉成、潘祖荫、吴大澂等。当然，这些人当中，身份又不无重叠，有的身兼多种角色，如翁方纲、吴大澂就身兼官宦和经史学家两种身份，杨岘也身兼经学家和书法家两种不同角色，而且这部分人占其中的绝大多数。

太平天国运动（1851—1864）对江、浙一带的文化积累和金石家群体破坏极大，甚至造成了"赭寇（太平军）乱后，（南方）风流消歇，北方诸大家乃而代之"[1]的局面。太平天国运动之前，该地区金石学重心主要集中在浙西道[2]的杭（州）、嘉（兴）、湖（州）等地；太平天国运动之后，如吴云、沈秉成、杨岘、方浚益（？—1899）、周作镕（生卒年不详）、叶昌炽、郑文焯（1856—1918）等金石家则辗转聚集在苏州一带，重心也随之转移至此。[3]他们相互之间不但交换藏品，而且在学术上相与析疑，彼此影响。[4]另外还有像潘祖荫、吴大澂等这些苏州籍的金石家，更是利用在各地任职的便利条件，将金石收藏的范围拓展到全国各地。盛

---

〔1〕 王国维《跋汉双鱼洗》，见金蓉镜《鲍少筠所藏金石文字》，1922 年影印本。

〔2〕 浙西道包括今杭、嘉、湖地区以及苏、沪附近和江西的一部分。

〔3〕 金石家选择苏州作为聚居地，一方面和太平天国运动有着非常重要的关系：太平天国运动之前金石收藏主要集中在杭、嘉、湖以及徽州地区，而这些地方作为太平天国运动后期最后抵抗的根据地，所受到的破坏和打击非常严重，造成了该地区金石学的衰落；太平天国运动之后，苏、沪恢复得较快，于是杭、嘉、湖地区的这些收藏家又聚集在苏州一带，如吴云、沈秉成、杨岘都从归安（湖州）迁到苏州，包括吴昌硕也选择苏州作为发展之地。另一方面，因为苏州作为园林城市，适合居家养老，是致仕官员的首选之地，如吴云、沈秉成、杨岘、李鸿裔等人均选择苏州为侨居之地。

〔4〕 如《吴大澂日记》中就记录了许多吴云对其鼓励和引导之处；吴昌硕在金石学上的学养更是得益于杨岘、吴云的耳提面命。

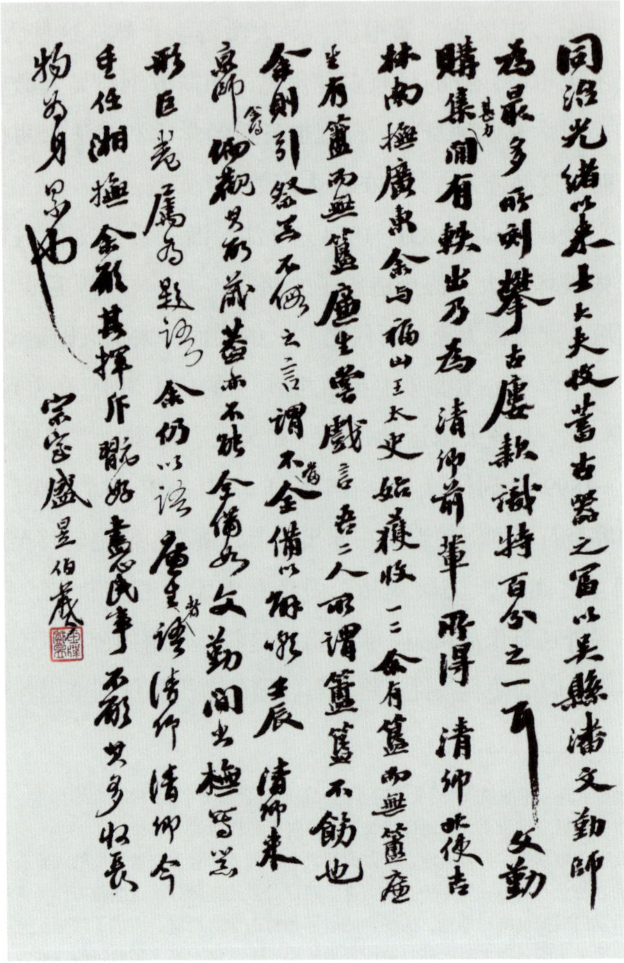

图 2：盛昱跋吴大澂《集古图双卷》。上海博物馆藏

昱（1850—1900）在吴大澂《集古图双卷》跋中的一段话很可以看出当时潘祖荫、吴大澂在京官任上的一些收藏情况：

> 同治、光绪以来，士大夫收蓄古器之富，以吴县潘文勤（潘祖荫）师为最多，所刻《攀古楼款识》，特百分之一耳。文勤购集甚力，间有轶出，乃为清卿（吴大澂）前辈所得。清卿北使吉林，南抚广东，余与福山王太史（王懿荣，1845—1900）始获一二。[1]【图2】

按跋中所云，可知当时京官中金石收藏最富的当属潘祖荫，《攀古楼彝器款识》仅是其藏品的百分之一而已。其轶出部分才为吴大澂所得，而吴大澂北使吉林、南使广东之时，所轶出部分才被盛昱和王懿荣收藏，其中不但可以看出金石收藏之风甚厚，同时亦可见彼此之间的竞争也较为激烈。当然，题跋中也不乏盛昱的自谦之词。

严格意义上的金石收藏和研究是从宋代开始的，所注重的主要是碑版和鼎彝等相对重要的器物，而散失在乡间僻壤的砖、瓦等物却一直不为人所重视。乾、嘉以后，随着朴学的兴盛，金石收藏家的视线从鼎彝、碑版、摩崖刻石转向残砖断瓦，从而古砖古瓦成为可以与文献资料相互补证的材料，即具有证史谬、补史阙的作用，于是藏砖风气也随之渐起。所以陈康祺（1840—1890）说："乾、嘉巨卿魁士，相率为形声、训诂之学，几乎人肆篆籀，

---

[1]《吴湖帆文稿》，第311页，中国美术学院出版社2004年9月第1版。

家耽《苍》、《雅》矣。诹经榷史而外，或考尊彝，或访碑碣，又渐而搜及古砖，谓可以印证朴学也。"[1]而这种收藏风气的转变，正是在朴学务实学风影响之下形成的。陈用光（1768—1835）在冯登府《浙江砖录》序言中也说：

> 金石之学至我朝（清）而集其成，若亭林（顾炎武）、竹垞（朱彝尊）、覃溪（翁方纲）、述庵（王昶，1724—1806）、渊如（孙星衍，1753—1818）诸公，收罗考证，可谓不遗余力矣。至于砖石之余也，自有宋洪文惠（洪适，1117—1184）始著于录，后之言金石者，皆略焉。夫古人营一宫室，筑一垣墉，造一冢墓，下至井户街道之微，必书其年月、姓氏、都料、工匠之所出，而又系以吉祥之语，盖一事必蕲之永久，乖诸万基，其用意非后世所能及也。若夫制度之质朴，文字之古雅，有远胜于羽阳、铜雀、香姜诸瓦者，好事者制为砚材，供之棐几，俨与羚羊、龙尾并珍矣。近年浙江出土为多，云伯（冯登府）辑成一书，以补金石之缺，他日各省踵而为之，则是录实大辂之权舆云。道光十三年（1833）十月，新城馆愚弟陈用光序。[2]

由此可见，古砖的收集并见于著述，虽肇始于宋，但真正认识到

---

[1] 陈康祺《燕下乡脞录》卷十四，见《近代中国史料丛刊》，第553卷，文海出版社1970年版。

[2] 桑椹《历代金石考古要籍序跋集录》卷二，第1059—1060页，浙江古籍出版社2010年12月第1版。

古砖"制度之质朴，文字之古雅"，并将其"与羚羊、龙尾并珍"
则是在清中后期。因而，对古砖的重视既是当时朴学盛行的风气
使然，也是乾、嘉以来金石研究范围拓展的必然结果。于此，在
吴云致陆心源的信札中也可以得到证实：

> 国朝（清）昌明正学，名儒辈出。嘉、道间，阮文达公
> （元）以当代龙门为文章司命，扬历中外五十余年，巡抚我
> 浙，建诂经精舍。当日知名之士，咸萃幕下。经术之外，及
> 于金石文字。天右斯文，地不爱宝。鼎钟彝器、丰碑古碣所
> 产于郡国山川者，日出不穷。学者授其遗文，诠注考释，以
> 发明经义，纠正史事。论者谓金石之学至是斯称大备。文达
> 尝得汉"五凤"[1]诸砖谓："以年纪器，石勒工名，其字可观
> 隶分之变，其铭可补志乘之遗"。因以八砖分题课士，于是耆
> （嗜）古之士，益知贵重，竞相搜访，互相矜尚，然当日藏家
> 号称至富者，积数亦未闻有满佰。去年（1880）就养娄东太仓
> 陆星农（增祥，1816—1882）殿撰，以所藏《丽砖砚》数巨册，
> 属为弁言。观其收藏之夥，抉择之精，叹为突过前人，得未
> 曾有。其时闻吾郡绕郭诸山出古砖甚多，好事者争相购致，
> 从者亲往物色，搜获特夥。今读大著《千甓亭砖录》，不意所

---

[1] 按阮元所谓的汉"五凤"砖实际上是东吴"五凤"。历史上有些年号往往不止一朝一
帝所用，但古往今来的砖贾和藏家却都喜欢将后时的年号移置于前朝，以增其值。但
根据古砖的出土情况而言，实际上江、浙一带的都以三国至南北朝时期为多，真正的
西汉纪年砖极少。故本文中凡不特别注明者，均以出土或存世古砖的情况推断，定以
常见之年代，不再一一说明。

得于两年中者，竟五倍于星老。[1]

此札是吴云收到陆心源赠予《千甓亭砖录》后的回信。《千甓亭砖录》成书于光绪辛巳（1881），此札即作于是年十月廿八日。信中提到在阮元的倡导之下，金石之学"斯称大备"，不但"鼎钟彝器""丰碑古碣"层出不穷，足以发明经义，纠正史事，而且还说古砖"以年纪器，石勒工名，其字可观隶分之变，其铭可补志乘之遗"。于是对于古砖，嗜古之士"益知贵重，竞相搜访，互相矜尚"。仅以吴云信中所云，陆增祥的《硒砖砚》之后，就有陆心源的《千甓亭》，而二者前后相距不过数年，而后者的数量却是数倍于前者。于是，藏砖风气渐成渐行。

第二节　江、浙地区的藏砖风气——兼及张廷济的藏砖趣味

古砖以汉、晋时期为多，主要来自砖室墓。砖室墓的产生，是在土坑墓、砖椁墓的基础上发展而来。按汉末、两晋、六朝时期江南民间风俗，士大夫以上治葬筑墓，须用特别烧制的墓砖。墓砖坚实厚重，一般都有文字记治葬年月和墓主的姓名、治葬子孙的名字，或者吉语和图案，所以其文字和图案对于一些好古之士，无疑是很具吸引力的。因此，在道、咸以后，古砖收藏渐成风气，尤其是江、浙为中心的江南地区，上至达官显宦，下至草野民夫，莫不如是。其中最为关键的两个人物是阮元和张廷济，他们嗜砖成癖，影响极大。

---

[1]《吴云致陆心源信札》，香港苏富比拍卖有限公司 2013 年春季拍卖会，拍号 1284。

江、浙地区的藏砖风气

墓砖在宋代就有零星发现，不过未被重视[1]，直到嘉庆年间的阮元、张廷济、张燕昌（1738—1814）、陈南叔（生卒年不详）等人的大量收藏，才真正进入金石研究的领域。[2]当时阮元有"八砖吟馆"、张廷济有"八砖精舍"、谢启昆（1737—1802）[3]有"八砖书舫"等，藏砖风气可见一斑。张廷济《清仪阁题跋》中有云：

> 少读洪氏（洪适）《隶续》，思得两京以下瓴甋一二，以觇古制，未之遂也。乾隆六十年（1795）三月游海盐，于濒海败垣中，见汉、晋纪元数砖，为海现时所出，以百钱易之。越日再往，从中人拾砖以待，又得十余品。遂选择致佳者，以"八砖"名精舍。嘉庆初元（1796），今使相仪征公（阮元）来视学浙学，为题额焉。是时，谢方伯苏潭（谢启昆）师有"八砖书舫"，以纪所得"永平"（291）砖八；阮师旋开府两浙，储"五凤"（254—256）、"黄龙"（229—231）诸品，亦署吟馆曰"八砖"，其每砖镌"阮氏八砖之一二"等字，以别于散箧及谢公所藏。自是三十年来，同邑曹种水（1767—

---

[1] 参见刘昌诗《芦蒲笔记》卷二，林欢《宋代古器物学笔记材料辑录》，第68—69页，"汉砖"条，上海人民出版社2013年3月第1版。冯登府《浙江砖录》自序中也说："古砖之录，始见于洪文惠（适）《砖录》二卷，其书已佚，其载于《隶续》，仅永平、永初、谢君曹叔汝伯宁尉府灵璧而已。"

[2] 施蛰存《金石丛话》，第68页，中华书局1991年7月第1版。

[3] 谢启昆，字蕴山，号苏潭，江西南康人。历任镇江、宁国知府、浙江按察使、山西布政使、广西巡抚等职，著有《树经堂集》《西魏书》《小学考》等。

1837）〔1〕、徐爱山（生卒年不详）〔2〕、李金澜（生卒年不详）〔3〕，秀水葛素如（生卒年不详），海盐家文鱼〔4〕、黄椒升（1761—1851）〔5〕、郭绅垂（生卒年不详）、陈南叔（生卒年不详）、郎山（生卒年不详），平湖田后村（生卒年不详），仁和赵洛生（1746—1825）〔6〕、钱塘徐问蘧（生卒年不详）〔7〕、海昌徐寿鱼（生卒年不详）〔8〕、武康徐雪庐（1762—1835）〔9〕、吴江朱石梅（生卒年不详），吴兴陈抱之（1792—？）〔10〕、王二樵（生卒年不详）〔11〕、钮苇村（生卒年不详）〔12〕，各以所得见饷。而粤东顺德温遂之（生卒年不详）〔13〕更毡包席裹，越数千里以致。大兴翁阁学（翁方纲）每咏古砖辄齿及贱子姓名。近则海昌方外友

〔1〕曹种水，名言纯，浙江秀水（今嘉兴）人，家富藏书，积三十余年，达数千百册，藏书处曰"五千卷室"。

〔2〕徐爱山，名正源，原名龄度，其父尝任武康（今德清）教官。

〔3〕李金澜，名遇孙，字庆伯，浙江嘉兴人，熟于经史，旁及金石，著有《金石学录》。

〔4〕即张燕昌，嗜好古物，著有《三吴古砖录》。

〔5〕黄椒升，名锡蕃，字晋康，号时安老人，浙江海盐人，工八分，精鉴藏，富藏书，从钱大昕游，精研金石之学，著述颇丰，有《续古印识》《金石考》《金石表》《续金石萃编》《刻碑姓氏录》等。

〔6〕赵洛生，即赵魏，家藏碑版极多，中年游毕沅幕，黄易极推重之，著有《古今法帖汇目》《竹崦庵碑目》《竹崦庵金石目》等。

〔7〕徐问蘧，名楸，字仲縣，浙江钱塘（今杭州）诸生，嗜书画、金石，精篆刻。

〔8〕徐寿鱼，名绍曾，字慎初，爱石刻，工考释，是周春入室弟子。

〔9〕徐雪庐，名熊飞，字子宣，浙江武康（今德清）人，曾任诂经精舍讲席，著有《古砖所见录》。

〔10〕陈抱之，名经，号辛彝，浙江乌程（今湖州）人，阮元弟子，曾任嘉定主簿。

〔11〕王二樵，名黻，斋号小竹里馆、宝鼎精舍，浙江乌程人，工于写梅，与奚疑友善，其宝鼎精舍中藏砖甚多。

〔12〕钮苇村，名重熙，著有《百陶楼甓文集录》。

〔13〕温遂之，名汝遂，自号竹梦生，广东顺德人，工书善画，富收藏，家有晋"永嘉五年"（311）、"六年"（312）砖数十方。

六舟、桐城吴康甫少府（1799—1880 年后）[1]者（嗜）之尤笃，移书往复投赠靡闲。历计储藏泛览，视陆剑南（陆游，1125—1210）所龛、岳倦翁（岳珂，1183—1243）所记，殆数十百倍之。地不爱宝，人洽古缘，良用厚幸。然穷老村居，衣未脱白，寓意花砖，徒成笑柄，自幸又自恧也。竹儒舍人，俊髦能文，薇垣翔步，繄此八甓，正清华珥笔之预征。猥以走风者，远道过存，君子于是焉。于是道古为衰年乐事，因缕述生平师友之助，以复舍人。道光壬辰（1832）闰九月廿八日。[2]

张廷济此跋中所涉及的人物颇多，几乎为乾、嘉以来江、浙地区古砖爱好者和收藏者的总汇。阮元首开古砖收藏的风气，其积古斋所藏之八砖为"五凤"、"黄龙"、"永吉"、"蜀师"、"天册"（275—276）、"大兴"（318—321）、"咸和"（326—334）、"兴宁"（363—365）八砖，故名"八砖吟馆"，著有《八砖吟馆刻烛集》二卷。以阮元的身份地位而言，其影响力自然是不言而喻，因此江、浙地区藏砖风气的漫延，实际上与阮元的倡导有着非常重要的关系，如这里所提到的张廷济、徐熊飞以及下面所提到的冯登府、周中孚等均为其弟子，这一点恰与前面吴云致陆心源信札可以互证。徐爱山之父尝任武康（今德清）教官，清仪阁中著名的"罗道人"砖就是他得之于德清，进而转赠予张廷

---

[1] 吴康甫，名廷康，字元生，晚号茹芝，安徽桐城人。官浙中，与何绍基为至交，嗜金石，擅篆隶，有砖癖，著有《慕陶轩古砖图录》。

[2] 张廷济《清仪阁题跋·潘竹儒汉晋八砖卷》，魏稼孙、丁立诚辑本。

济的。王敫与翁方纲颇为友善，其宝鼎精舍中藏砖翁方纲曾有诗题咏之。至于僧六舟，更是金石界的名流，被阮元目为"金石僧"，其"生平所见古砖不下三千种，所藏亦数百种"，所见所藏之丰可以想见。[1]由如此众多的人物，不难推见当时古砖收藏的热闹场面。

乾、嘉以后，随着古砖收藏之风蔚然，将所见所藏先后结集成书者也颇多。如凌霞（1820—1903）在陆心源《千甓亭古砖图释》序言中就提到甚多：

> 逮国朝（清）以来，耆（嗜）者既多，搜讨渐博。尝见褚千峰（生卒年不详）[2]所辑《古砖录》，其中颇有异品，然未梓行。厥后纂辑为书者，则有张氏燕昌《三吴古砖录》；冯氏登府[3]、释达受（六舟）各有《浙江砖录》；周氏中孚（生卒年不详）[4]有《杭嘉湖道古砖目》；徐氏熊飞有《古砖所见录》；陈氏宗彝（生卒年不详）[5]有《古砖文录》；丁氏丙模（生卒年不详）[6]有

---

[1]　严基福《严氏古砖存》，达受序，见桑椹《历代金石考古要籍序跋集录》卷二，第1065页。

[2]　褚峻，字千峰，郃阳（今合阳）人。

[3]　冯登府，字云伯，号勺园，斋号八砖五砚斋、八砖花馆，浙江嘉兴人。官四明（今浙江宁波）教授、将乐（今江西）知县，著有《金屑录》《石余录》《石经考异》等。

[4]　周中孚，字信之，号郑堂，浙江乌程（今湖州）人，著有《金石识小录》等。

[5]　陈宗彝，原名秋涛，字雪峰，江宁诸生，嗜金石古籍，手拓及校刊之书甚多，有《重编金石文跋》《重编访碑录》《钟鼎古器录》《古砖文录》《汉石经残字考》《蜀石经残字考》等，陆心源《金石学续录》有录。

[6]　丁丙模，字鹭庭，号晓楼，浙江归安（今湖州）人，历任潜山、休宁知县。博雅好古，富收藏，工篆隶。

《汉晋砖文考略》；陈氏璜（生卒年不详）[1]有《泽古堂古砖录》；王氏黻有《宝鼎精舍古砖录》；钮氏重熙《百陶楼甓文集录》；吴氏廷康有《慕陶轩古砖图录》；严氏复基（生卒年不详）[2]有《严氏古砖存》；吕氏佺孙（1806—1859）[3]有《百砖考》；纪氏大复（1721—1831）[4]有《古砖品》；宋氏经畬（生卒年不详）[5]有《瓴甋录》；近时陆氏增祥[6]有《丽砖砚斋砖录》，皆是也。[7]【图3】

褚峻以拓售碑帖为业，《金石图》即为其缩摹历代名碑之作，在金石界颇为著名。冯登府，阮元弟子，于经学造诣尤深。周中孚，曾就学于诂经精舍，也是阮元的高足。吕佺孙父子兄弟三人，均嗜古砖。且冯登府当年曾在吕子班（生卒年不详）幕下，任四明教授之职。由此可以推测，他们之间在古砖收藏上不但有着一致的兴趣，而且私下也不乏交流。

据笔者所做不完全统计，清至民国时期，江、浙籍或非江、浙籍，曾经在该地区有过活动的古砖爱好者所编纂的著作就多达四五十种，而仅湖州籍的就有八人十一种之多，当时江、浙地区

---

[1] 陈璜，吴人，侨居上海，癖嗜金石，收集钟鼎款识和汉唐碑版及汉、晋古砖同贮一室，名曰泽古斋，李遇孙《金石学录》有录。

[2] 严复基，字眉存、眉岑，江苏长洲人。

[3] 吕佺孙，字元相，号兰溪，室名运甓轩，江苏阳湖人，历任国史馆纂修官、会试同考官、广东高廉兵备道、四川按察使、贵州布政使、署理巡抚、福建巡抚。

[4] 纪大复，字子初，号半樵、迷航外史，上海人，善山水，工隶书，尤长铁笔。

[5] 宋经畬，号心芝，浙江台州（今临海）人，喜搜罗古砖，工篆刻。

[6] 陆增祥，字魁仲，号星农、莘农，江苏太仓人，官翰林院修撰。少通六书，好学博览，精金石学。著有《篆墨述诂》《吴氏筠清馆金石记目》《金石偶存》《八琼室待访金石录》等。

[7] 陆心源《千甓亭古砖图释》，凌霞序，浙江古籍出版社2011年4月第1版。

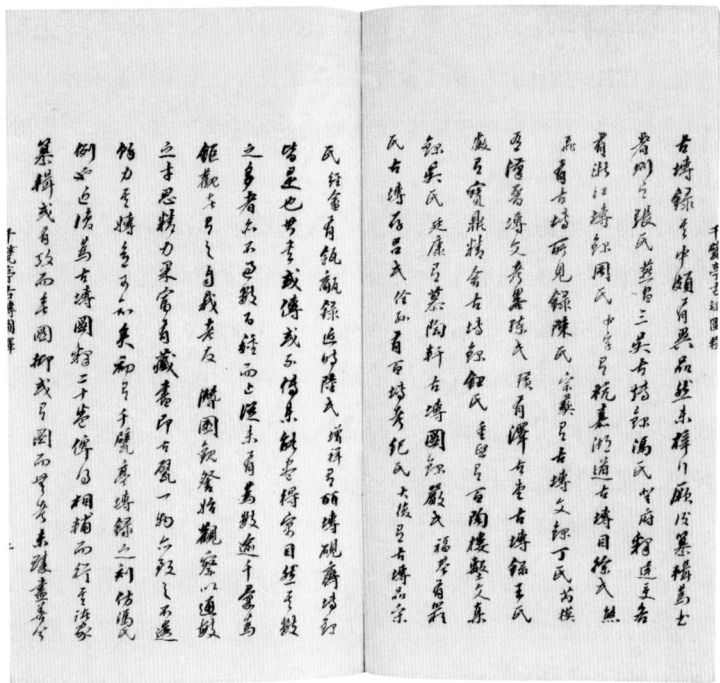

图3：凌霞序陆心源《千甓亭古砖图释》。光绪十七年（1891）石印本

古砖收藏风气之厚，也由此可见一斑。[1]

张廷济的藏砖趣味

张廷济是阮元弟子，二人均为好古之士，在金石上有着一致的兴趣。张廷济于古砖癖之甚深，所藏也甚多，其斋号曰"八砖精舍"，即指家藏"万岁不败"、"蜀师"、"太康二年"（281）、"永宁元年"（301）、"元康二年"（292）、"吴氏"、"儒墓"、"万因"汉晋砖八种，故名。《清仪阁所藏古器物文》卷五，即为其藏砖拓本，共计五十二种，其中以"汉永宁元年"砖最为铭心。关于他的藏砖趣味，在此砖的题跋、吟咏中所述甚多，移录于下：

> 海盐，秦置县，故城在今海塘外五十里。民人、城郭淹没洪涛，精灵不泯，往往数十百年中有数日，潮远退数十里，大风飏去浮沙，街井俱露，土人谓之"海现"。现时人辄往爬取古泉、瓶盎之属，其钱悉半两、五铢、货泉、布泉，其瓷器极粗，间有釉如云母，胎则瓦。有力者担砖以进，砖两面俱有麻布文，数十百砖中有一二有文字，数十有字砖中一二有年号。乾隆己亥（1779）秋现一次，余姊夫徐瀛洲（生卒年不详）、先兄德容（生卒年不详）皆涉故城，能备言之。今城内外堆垣败壁，有数百年前所筑者，辄有有字之砖，知在昔现时

---

[1] 参见"附录：清、民国时期砖著一览表"。除江、浙之外，北方的翁方纲、陈介祺等人也有砖癖。如陈介祺"君子砖馆藏砖"约藏有"砖，三百二十六件。其中秦或三代砖十六件，秦汉画像砖十件，汉纪元砖十六件，汉姓名砖十二件，汉吉祥文砖四十八件，其他为汉以后者"。参见陆明君《簠斋研究》，第58页，荣宝斋出版社2004年12月第1版。

与己亥同矣。六十年乙卯（1795）四月十三日，余买舟邀同姊夫沈纪鸿铭彝（生卒年不详）、先兄逄原灏（生卒年不详），诣海盐观海，见渔舍矮墙中有"蜀师"砖数枚，与之买得，其比邻妇、孺骇谓："破砖可售数十钱？"咸搜索以出。是日余雇渔者担以归，"太康五年十一月郭家葬"砖与焉。十五日，余复偕徐瀛洲暨其子寿臧往，泊舟海盐东门外塘河，以大钱八十与渔童买砖之全者三，其一有字，此"永宁元年六月十九日淳于氏作奉在立"砖是也。先是文鱼兄作《金石契》载此断砖，"日"下止存"二"，不知为某字也。是日，余携过石鼓亭，与文鱼父子、钱兄寄坤以发、陆兄云中，脱（拓）文共赏，叹为奇缘。余因是以"八砖"名精舍。今阅二十三年，文鱼、逄原、德容皆物故，沧桑陈迹，梦幻何常，率为书之，作《墨林清话》一则。〔嘉庆廿二年丁丑（1817）十一月卅日，书于黄椒升都事《金文册》中，道光二年壬午（1822）四月廿六日重录，附家藏《砖册》后〕自东汉安帝永宁元年（120）庚申到道光元年辛巳（1821），一千七百有二年。廷济。[1]【图4·2】

黄椒升，即黄锡蕃。按"永宁"为汉安帝、晋惠帝和后赵石祗年号。张廷济此砖虽定为汉安帝"永宁元年"，从文字风格来看，实际上是晋惠帝"永宁元年"。但无论如何，"永宁元年"砖实为"八砖精舍"中最为铭心之物，他不仅时时摩挲以为文房珍玩，且将此砖奉为神

---

〔1〕张廷济《清仪阁所藏古器物文》，第5册，第2页，"汉永宁砖"跋，台湾"国风"出版社1980年5月版。

物，并邀诸友为其奉觞祝寿。二十五年后，他又跋云：

> 乾隆六十年乙卯四月十三日，既于海盐得"太康"、"蜀师"等砖矣，云何隔一日复去。余有孙退谷（1593—1676）、吴梅村（1609—1672）与曹秋岳（1613—1685）长简二，系至精至美，心所钟爱者。十三日，为某借留，因即重往索归，而不意此"永宁"砖即于十五日清晨得也。今日招朱春甫锦（生卒年不详）、王心耕福田（生卒年不详）、徐寿庄同柏（1775—1854），从子又超、上林小饮精舍〔子庆荣，孙福熙、晋燮侍〕。既拜是砖，并出孙、吴二札并余所详考者读之，而书此以见得此砖之缘。道光二十七年丁未（1847）六月十九日，嘉兴竹田里八十岁老者张廷济叔未甫。[1]【图4·1】

按跋中所云，很有可能是为此砖"做寿"之后所题。张廷济此举，实际上不止一次，如《顺安诗草》卷二另有《六月十九日同海盐陆云中布衣拜永宁元年六月十九日淳于氏砖》一诗，也是为此砖祝寿后所作：

> 今日何日为君寿，炉有清香杯无酒。
> 君有古灵应我怜，我有苦心应君剖。
> 忆昔乙卯（1795）四月望，海上访君茧足走。
> 满船明月其君归，父兄灯前开笑口。

---

〔1〕 张廷济《清仪阁所藏古器物文》，第5册，第1页，"汉永宁砖"跋。

乾隆六十年乙卯四月真在硯於海臨得太宗蜀師等瓶夫去何隔一百後去余有孫退谷吳梅村
与曹秋岳茲筒二條玉精玉美心所鍾愛者十二日為某借猶同師重佳家賜而不去此此宝瓶
即於盃日清玩得也今再招來春末甫錦天忩耕福田徐壽莊同柏程子文超玉株小飲精舍于歲慶辰福
沈药是翫并出駒吳二札并余所諸步赤硯之而黃內小見湉此瓶之緣熙辰辰文侍
道光二辛巳年丁未六月上九日嘉興竹田里八十歲老人張廷濟灯素帝

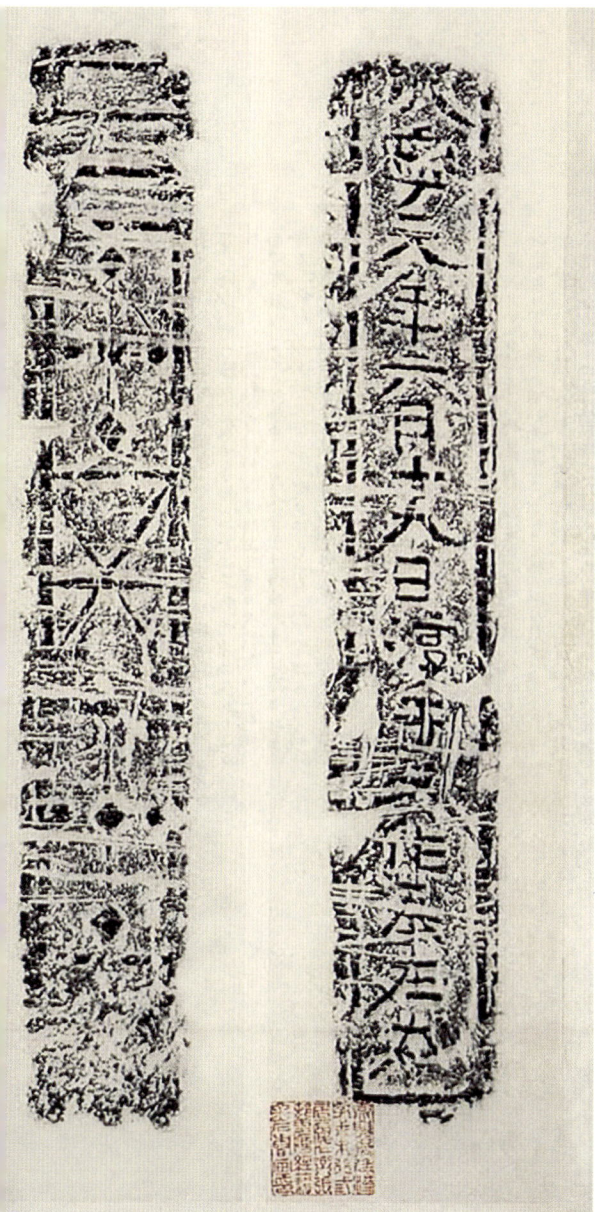

图4·1：张廷济"永宁"砖拓题跋之一。采自《清仪阁所藏古器物文》，第5册，日本京都大学图书馆藏。亦见台湾"国风"出版社1980年5月版

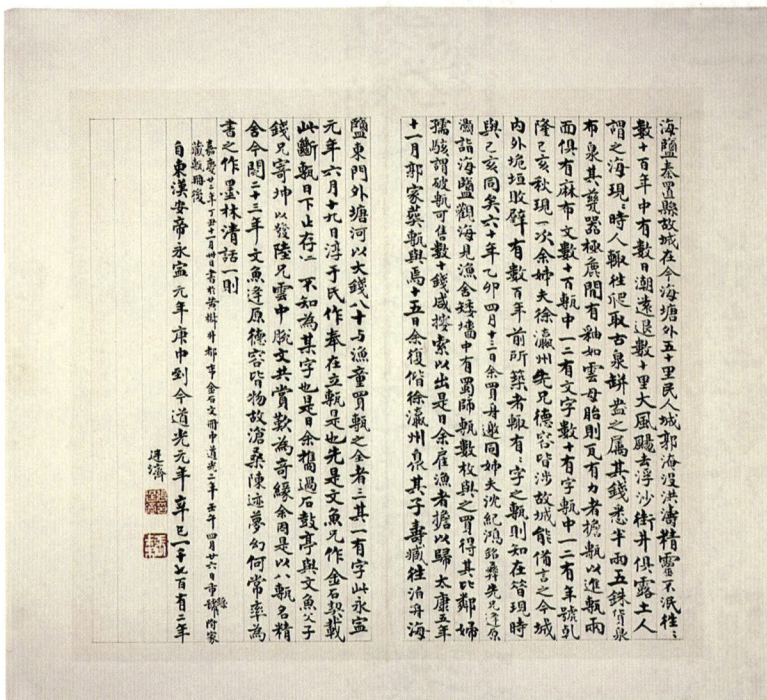

图 4·2：张廷济 "永宁" 砖拓题跋之二。采自《清仪阁所藏古器物文》，第 5 册，日本京都大学图书馆藏。亦见台湾 "国风" 出版社 1980 年 5 月版

戊辰（1808）此日情最骓，愿丐一家同寿考。

何图去夏自北旋，哭拜吾兄灵之右。

哭时犹复自慰幸，堂上康疆两白首。

可博亲欢靡不为，夕膳晨餐旨且有。

犹记此日因寿君，招要葛三酒一斗。

奈何穷阴厄吾父，有疾竟难疗肘后。

拊膺呼天天何高，迸血入地地何厚。

君竟无灵寿吾父，君与孤儿应亦负。

呜呼无父真无怙，我实有罪敢君咎。

君沉沙底出潮头，尘劫沧桑几经受。

冥冥作合洵非偶，应怜小人惟有母。

不惜为君一拜手，使我北堂年长久。

是时同拜为谁某，曾刻《孝经》我陆友〔乾隆壬子（1792）国子
监刻石经，云中陆兄入都恭勒《孝经》全部〕。〔1〕

诗中将此砖奉为神物，崇拜之情，一一可见。且其"寿砖"的行为，
实际上与黄丕烈"祭书"的行为是一脉相承的，正是源于传统文人
对文化（包括文字）的崇敬心结，而并不是一种简单的文化行为。

　　湖州、嘉兴两地相连，交通极其便利，其间文人雅客互相多
有往来。如吴云与张廷济之子关系极好，张廷济身后，其收藏大
多为吴云所得。〔2〕因此，张廷济对于古砖的热情及其趣味，对于其

---

〔1〕　张廷济《桂馨堂集》，道光二十八年刻本。
〔2〕　参见吴云《两罍轩尺牍》，《近代中国史料丛刊》，第27辑，文海出版社。

周边地区未必没有影响。尤其是湖州地区的文人墨客对于古砖的钟情，极有可能就是源自阮元、张廷济等人。吴昌硕受益于吴云甚多，而吴云得益于张廷济亦不少，而这正是笔者之所以要阐述张廷济藏砖趣味的主要原因，相信其间或多或少有着千丝万缕的直接或间接的转承关系。

另外，在张廷济《清仪阁所藏古器物文》中还详细记载了当年（乾、嘉时期）购藏砖瓦等古器物的价格，是难得资料，如：

> 汉"永宁"（120—121）砖大钱八十文；汉"永嘉"（145）周氏砖砚一两；晋"太康"（280—289）反文砖十两；晋"元康七年"（297）砖砚一两；晋"元康"（291—299）反文砖大钱五百文；晋"升平（357—361）沉浮"砖一两；"蜀师"砖大钱五百文；"董元"残砖二十八文。[1]

据沈慧兴先生考证，清嘉、道时期一文钱的购买力约为现在的一元。[2] 由此可见，"晋太康反文砖十两"的价格相当于一万一千九百余元，其值不菲，显而易见。与当今相比，也只有过之而无不及。

---

〔1〕 沈慧兴《从〈清仪阁所藏古器物文〉看张廷济的金石生活》，西泠印社《重振金石学国际学术研讨会论文集》，第 317 页，西泠印社出版社 2010 年 8 月第 1 版。

〔2〕 据沈慧兴先生考证，清嘉庆六年银一两可换大钱一千一百九十三文，当时京师的一双布鞋为四百文，一只鲜鸡为九十文，船工每日六十五文，与现在一双老北京的布鞋约三百元，一只家养土鸡约一百元，一日短工约八十元相当，因此他得出结论：清嘉、道时期一文钱的购买力约为现在的一元。参见沈慧兴《从〈清仪阁所藏古器物文〉看张廷济的金石生活》，西泠印社《重振金石学国际学术研讨会论文集》，第 317 页。

第二章

砖之癖——吴昌硕的藏砖及其交往圈

吴昌硕素有"砖癖",光绪戊子(1888)七月间他曾以此为内容刻了一枚印,可以为证。[1]【图5】早在十余年前,他在"道在瓦甓"[2]印款中也说:"旧藏汉、晋砖甚多,性所好也。爱取《庄子》语摹印,丙子(1876)二月,仓硕记。"【图6】"性之所好"固然是其收藏古砖的主要原因之一,而"绌于资"则是迫不得已的原因。因此乾、嘉以来江、浙地区的藏砖风气,无疑为财资有限,而又饶有古癖的吴昌硕的集古生活,提供了一条切实可行的效仿之路。同时,古砖也是制作砚台的材料,作为案头清玩,借以发悠古之思,对于擅长篆刻的吴昌硕而言,也是信手拈来之易事。在晚清之际江、浙地区的藏砖风气影响之下,吴昌硕周围也有一小范围的藏砖交游圈,在共同的爱好下,他们之间相互启迪、相互影响,自然也彰显了古砖的独特魅力。

---

〔1〕《吴昌硕全集·篆刻卷二》,第 105 页,上海书画出版社 2015 年 4 月第 1 版。

〔2〕《吴昌硕印谱》,第 28 页,上海书画出版社 1985 年 9 月第 1 版。

图 5：吴昌硕刻 "砖癖"。采自
《吴昌硕全集·篆刻卷二》

图 6：吴昌硕刻 "道在瓦甓"。采自《吴昌硕全集·篆刻卷二》

第一节　藏砖

吴昌硕曾写过"以砖颜虚室，人诗两劲瘦"[1]的诗句，其中所谓的"以砖颜虚室"，指"禅甓轩"【图7·1、图7·2】而言，即"元康三年"（293）砖。"禅甓轩"[2]印款云："得晋砖，双行，文曰元康三年六月廿七日孝子中郎陈锺纪作宜子孙位至高迁累世万年相禅砖，因以名吾轩。"又《苍石斋篆印》[3]中有一枚"凤甓斋"【图8】，不知是否即指其藏吴凤凰（272—274）砖而言？吴昌硕还有致子贞先生的《东麓寻砖》诗稿，即是他寻访古砖的道白：

浊世嫌铜臭，深盃胜古欢。翁犹文字癖，一甓托琅玕。作镜礲能到，持躬运却难。迢迢东麓路，愁绝足蹒跚。

八砖谈往事，千甓伎斜曛。古意传今日，芒鞋踏飞云。人去三代上，髯亦旧参军。破砚年年食，坡仙合认君。[4]【图9】

"八砖"，不知是指阮元"八砖吟馆"，还是张廷济"八砖精舍"？"千甓"，即指陆心源"千甓亭"。子贞，很有可能就是姚福同（生卒年不详），又作子真，嘉兴人，为沪上著名实业家，善书画，富收藏。他曾与吴昌硕、刘承幹（1882—1963）、蒋汝藻（1877—

〔1〕《长生未央砖拓本为长尾》，《吴昌硕诗集》，第126页。
〔2〕《吴昌硕印谱》，第16页。
〔3〕《苍石斋篆印》，日本平成三年六月二十日初版印刷。
〔4〕浙江桐乡君匋艺术院藏。

图 7·1：吴昌硕刻"禅甓轩"。采自《中国历代篆刻集萃·吴昌硕》，第 144 页，浙江古籍出版社 2007 年 6 月第 1 版

图 7·2：吴昌硕刻"禅甓"。采自《中国历代篆刻集萃·吴昌硕》，第 51 页

图 8：吴昌硕刻"凤甓斋"。采自《苍石斋篆印》，日本平成三年六月二十日初版印刷

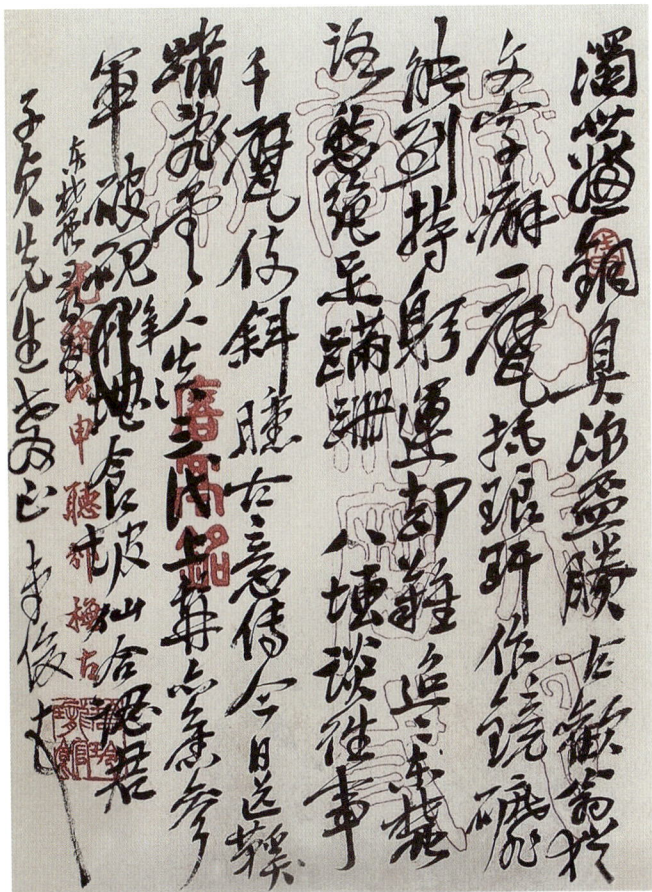

图9：吴昌硕致子贞先生《东簏寻砖》诗稿。浙江桐乡君匋艺术院藏

1954）、沈宝昌（生卒年不详）、姚煜（？—1923年后）、张均衡
（1872—1927）等人一起参与购赎《汉三老碑》之事。

光绪戊子年（1888）夏月，施浴升（？—1890）游上海，适逢
吴昌硕在拓古砖，于是赠其一份。施浴升归后作《古甓记》一篇，
这是关于吴昌硕藏砖的重要文献。其文如下：

> 古甓十三：吴五晋八。吴曰"五凤"，曰"永安"（304），
> 曰"凤皇（凰）"，曰"天纪"者二；晋曰"元康"者二，曰
> "永嘉"者二，曰"建兴"，曰"咸和"，曰"太元"，曰"泰
> 始"（265—274）。[1]其长或八九寸，或一尺数分，阔厚称之。
> "五凤"文曰："五凤元年八月十八日造"，右侧作窗棂之形。
> "永安"文曰："永安元年八月十三日"，右侧反书"舍人番君
> 作"云。"舍人"之名始战国，乃舍其家事其事者，李兑（生
> 卒年不详）、孟尝君（生卒年不详，约前279）、张仪（？—
> 前309）皆有舍人，见于《战国策》，盖家臣类也。汉高为沛
> 公（前256—前195），以樊哙（前242—前189）为舍人，殆
> 沿当时之例，后遂为官名矣。"番君"者，"番"其姓。《诗》
> 曰："番惟司徒"，郑《笺》云："番氏，韩《诗》作繁"，古今
> 皆读如字，余谓当读"蒲何反"，"繁"有"皤"音，故"繁"
> 为"皤蒿"。汉《地理志》"鲁国蕃县"。杜预引其语作"番"；
> 应劭曰："蕃音皮。""皮"、"皤"古音近。古鄱阳之"蕃"作
> "番"，此"番"盖亦以邑为氏者，与《韩勑碑》阴有"任城

---

[1] 按晋武帝、南朝宋太宗明皇帝、南朝益州赵广、程道养均有"泰始"年号。

番君"，岂其族与？"凤皇（凰）"文曰："凤皇三年（274）施氏作甓"，上端文曰"富贵"。"甓"，"甗"之假字也。《尔雅》云"瓴甋谓之甓"；《广雅》云："甗，砖也。"自汉太尉施延避地于吴，为吴兴有施氏之始。太尉孙然为吴名将，封永安侯，然子绩为当阳侯。韩文公《施士匄墓志》所云"太尉之孙始为吴人，曰然、曰绩，世济其迹者也"，是时施氏正盛，此其墓砖。古砖文多八分，此"天纪"二砖乃篆，一曰："天纪元年（277）八月卅日作"，字尤奇异。是时孙休好奇字，造新字以名其子孙皓，刻石如《天玺纪功》、《禅国寺》等碑，皆篆书，臣下亦从而化之乎。晋"元康"砖二，皆陈氏作，一曰："元康元年（291）六月廿七日陈钟纪作富贵宜子孙兴"；一曰："元康三年六月廿七日孝子中郎陈钟纪作宜子孙位至高迁累世万年相禅"。"陈钟纪"之名殆有慕前贤耶。二砖一单行一双行，字为一人书，似古镜铭之工者，绝可爱，"禅"字下作鱼形，古砖多有之，余、鱼音近，盖取余庆意为吉祥云。二"永嘉"，其一左侧篆书"万岁不败"，反文，上端"永嘉元年（307）"，下端曰"朱安"，盖作砖者名也；其一四面书，左侧"永嘉元年八月十日立功"，右侧"吴兴乌程俞道兄弟"，上端"治作之"，下端"俞道初"。乃道初兄弟所造墓砖。乌程之县先于郡，吴兴之郡后于县，尔时吴兴领县十一，乌程其一也。曰"治作之"者，治陶人名也。古砖斸四面字者，此亦足珍矣。"建兴"砖为孙氏造，"咸和"砖为播氏造，其文曰："建兴三年（315）太岁在乙亥孙氏造"，上端"万岁不败"，下端"传世富贵"；曰"咸和元年（326）七月廿七日播令"，上端

"万岁"，下端"邦造"。蜀汉、吴、晋以建兴纪年者三，吴建兴三年（254）即五凤元年〔笔者按：吴无建兴三年，故云〕，岁在甲戌，此云乙亥，乃晋砖也，播令邦者，播姓令，邦名也。播姓史传罕见。《元和姓纂》谓为播毂武之后，然则击磬襄之后，亦姓击乎？"太元"文曰："晋太元十四年（389）仲秋之月易阳"。"易阳"其亦人名与？"泰始"文曰："泰始三年（267）太岁在丁未八月作"，"未八月作"四字，双行书之，右侧作方卦文，上端曰"沈三师冢"。沈氏亦吴兴望族，门第甲浙右，自沈戎始迁是地，其后金鹅发祥而沈氏兴，迄今官爵相继，其流泽长哉。沈三师当亦其裔。曰"三师冢"，殆亦有爵秩者与？友人吴苍石藏此十三甓，甚宝贵。光绪戊子，余游海上，适苍石箧榷于此，拓其文以赠。苍石曰："诸砖皆出吾郡，前数年有好事者以重赀募，乡人搜求之。是物皆藏墟墓，乡人以其利也，竞先发掘，一时古圹罕有全者。余虽甚好之，而不忍贻祸陈人，且无力不能多致，故所得止此。"余曰："君不忍贻陈人祸，仁矣。虽然微是君亦无所得，且好古无力之士，求一不得，君乃有十三，亦足豪矣。"因考究而为此记。[1]

是年，吴昌硕四十五岁。因此该文可以作为吴昌硕四十五岁前藏砖的小结，根据所列品目，是符合杨岘致陆心源札中所说的"昌石并无汉砖，只收吴砖"[2]之语。是年，吴昌硕在沪渎谋得小役，

---

〔1〕 施浴升《金钟山房文集》，《安吉施氏遗著》之一，光绪十七年辛卯刻本。

〔2〕 详见下文第二节。

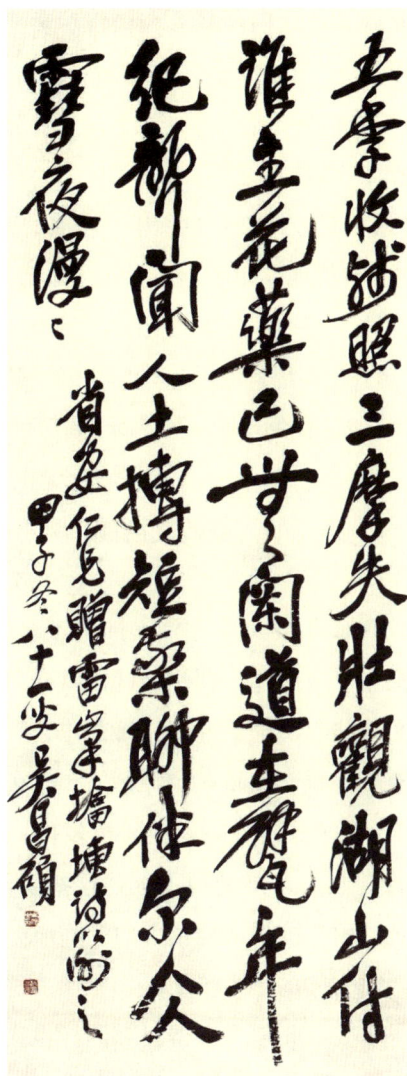

图10：吴昌硕"答赠雷峰塔砖"诗轴。浙江骏
成拍卖有限公司，2010秋季艺术品拍卖会拍卖
专场，中国书画（二），拍卖号0257

正是求知若渴的黄金期。之前他从苏州杨岘、吴云、沈秉成等诸老游，致力于古砖收藏，因"无力不能多致，故所得止此"。文中所谓"好事者"，与陆心源《千甓亭砖录》自序相比较，可知所指即陆心源在八年之前广收古砖之事。

其后，吴昌硕在和砖友的交往过程中不断地增添新的藏品，直至晚年还有人赠送古砖给他。如八十一岁时尚有"省安仁兄赠雷峰塔砖"，其"诗以谢之"，云："五季收残照，三摩失壮观。湖山付谁生，花药已无阑。道在甓年纪，聋闻人土抟。短檠聊伴尔，冰雪夜漫漫。"[1]【图10】癖于斯，而痴于斯，吴昌硕于古砖可谓是老而弥笃。

第二节　藏砖交游圈

吴昌硕藏砖交游圈主要集中在江、浙的湖（州）、苏（州）、杭（州）地区。根据上文所述，湖州地区的藏砖风气之厚，实甲于江、浙。其中尤以陆心源的千甓亭所藏最丰，汉、晋古砖多达千余品。另外还有周中孚、钮重熙、徐熊飞、丁芮模、陈经、潘兰陔、章绶衔（1804—1875）、王巌等人，也多有一定数量的藏砖。因此，吴昌硕的古砖收藏最早受到了上述这些乡贤前辈的影响，是毋庸置疑的。吴昌硕在杭州诂经精舍的业师俞樾（1821—1907）也是古砖爱好者，对古砖的学术价值颇为推崇，这对他也是颇有影响的。吴昌硕早年在湖州谋事，得以和同样也在湖州谋事的金

---

〔1〕　浙江骏成拍卖有限公司，2010夏季艺术品拍卖会收藏品，中国书画专场（一）收藏品《吴昌硕行书答赠雷峰塔砖诗》，编号：0874。

杰结交，互为莫逆，是臭味相投的砖友；侨居苏州以后，吴昌硕继续古砖的收藏，并受到了杨岘、潘钟瑞、吴云、吴大澂等人的进一步影响。还有他执掌的西泠印社中也有一批古砖爱好和收藏者，如吴隐（1867—1922）等。由此可见，吴昌硕的古砖收藏，存在一小范围的交游圈。

吴廷康（1799—1880年后）

吴廷康是砖界前辈，早在道光癸卯（1843）年，他就曾代理过孝丰县县令。[1]【图11】此时吴昌硕尚未出生，也没有直接材料可以证明吴昌硕之父吴辛甲与吴廷康有过交往，但孝丰、安吉偏为一隅之地，吴辛甲也算是地方上的名流，其父吴渊又曾为古桃书院山长，父子二人均有"通儒"[2]之称，所以吴廷康与之交往也在情理之中。

但在吴廷康七十七岁时，作为晚辈的吴昌硕却曾为其刻过"吴廷康印"、"康父"对印[3]，款署："乙亥（1875）七月既望，康父先生命刻，即请教篆，鄣南吴俊。"[4]【图12】是年吴昌硕三十二岁。另外，吴昌硕尊为师长的章绶衔、杨岘、俞樾、吴廷康等人均有所往

---

〔1〕　吴廷康款云"权邑"孝丰县，按"权"有暂时之意，且《孝丰县志》中亦不收其名，故而推测其为代理县令。

〔2〕　《七十自寿》，《吴昌硕诗集》，第140页，华东师范大学出版社2009年12月第1版。

〔3〕　《中国历代篆刻集萃》，第74页，浙江古籍出版社2007年6月第1版。

〔4〕　由此可知，吴廷康光绪乙亥年间尚健在，则其卒年应是在是年（1875）之后无疑。《中国印学年表（增补本）》载其生卒年为1799—1873年，当误。再案，西泠印社2011年秋拍，中国书画古代作品专场，拍卖号为36，有吴廷康"壹庭花发来知己，万卷书开见古人"联款云："光绪六年（1880），岁在止章执徐桂秋之朔，书于孤山巢居阁，似树白尊兄先生雅属，即祈政书。皖桐如芝廷康，试东海黄龙砚之笔，时年八十二。"如果这件作品无误，则吴廷康的卒年应该在光绪六年之后。

图 11：吴廷康题"晋孝子郭巨之墓"碑之一。现存安吉郭巨墓

图 12：吴昌硕刻"吴廷康印"、"康父"对印。采自《中国历代篆刻集萃·吴昌硕》，第 74 页

来[1]，因此这段直接或间接的嗜古情缘，也许是吴昌硕藏砖生涯的发端。当然这仅是推测，具体展开还得依赖于新材料的挖掘和发现。

章绶衔（1804—1875）

章绶衔是吴昌硕收藏古砖最早的引路人之一。据俞樾说："紫伯有砖癖，收藏颇富"[2]，而《千甓亭砖录》陆心源自叙亦云"既长，纳交于章紫伯明经，紫伯藏有'本初元年'（146）、'凤皇元年'（272）、'凤皇二年'（273）、'赤乌七年'（244）、四面'永嘉'砖，颇以为自豪"[3]，由此可知章绶衔的藏砖铭品。而且章绶衔和另一位古砖收藏家吴廷康关系颇为密切。当年俞樾馆获港吴家时，就是在他家里和吴廷康相识，后来俞樾还为吴廷康的两部集古著作《慕陶轩古砖图录》和《问礼盦彝器图录》分别作了序言。[4]

章绶衔死于光绪元年（1875），因此，吴昌硕和他认识应该在此之前，即三十二岁之前。此时的吴昌硕正处于四处游学，为生计奔波，个人的兴趣爱好尚未定型的时期。在相互交往过程中，吴昌硕受到他的影响，也是毫无疑问的。章绶衔对于吴昌硕的篆刻，"奖许甚殷"，曾曰"今人作印但学陈、邓，貌合神离，如君

---

[1] 关于杨岘与吴廷康的交往，《迟鸿轩所见书画录》有吴廷康的作品收录，可以推知一二；关于章绶衔、俞樾、吴廷康的交往，俞樾《吴康甫慕陶轩古砖图录序》（《春在堂杂文》续二）中说，道光癸卯（1843）和吴廷康相识是在章绶衔处，可知。因此吴廷康对吴昌硕的影响应该是存在的，无论是直接还是间接。

[2] 《吴康甫慕陶轩古砖图录序》，《春在堂杂文》续二，俞樾《春在堂全书》，第4册，第76页，凤凰出版传媒集团、凤凰出版社2010年1月第1版。

[3] 《存斋杂纂》之三，光绪七年刊本。

[4] 俞樾《春在堂杂文》续二，《春在堂全书》，第4册，第76—78页。

所作，力运字中，气充腕下，精进不懈，未易可量"[1]。品评甚为恰当，足具法眼，而吴昌硕后来的艺术成就，亦确实是如其所言，可谓有知人之见。

俞樾

俞樾以经学见长，但也不偏废金石。他在《吴康甫慕陶轩古砖图录序》中云："余经生也，欲通经训必先明小学。而欲明小学则岂独商周之钟鼎，秦汉之碑碣，足资考证而已，虽砖文亦皆有取焉。"[2]道光癸卯年，在荻港吴家坐馆的俞樾将赴江西，章绶衔赠以永嘉砖，文曰："吴兴乌程俞道由、俞道初兄弟治作之，永嘉元年八月十日立功。"【图13】俞樾得到这枚永嘉俞氏砖，非常高兴，于是赋了一首《永嘉砖歌》，洋洋数十韵，博考俞氏前代之著名者：

> 永嘉元年八月中，吴兴乌程始立功。
> 治且作者兄弟同，道由道初皆吾宗。
> 为是吾宗特见赠，临歧厚意百朋胜。
> 麻布纹犹散似花，青泥质已坚如锭。
> 而我匆匆启别筵，到今始劈笈皮笺。
> 不去搜奇金石录，不来数典永嘉年。
> 只怜得姓衰宗早，世系茫茫竟难表。

---

〔1〕沙匡世《吴昌硕〈石交集〉校注》，第31—32页，上海书画出版社1992年3月第1版。
〔2〕《吴康甫慕陶轩古砖图录序》，《春在堂杂文》续二，俞樾《春在堂全书》，第4册，第76页。

图 13·1："吴兴乌程俞道由、俞道初兄弟治作之，永嘉元年八月十日立功"砖拓之一。采自吴隐《遯庵古砖存》，西泠印社民国印本

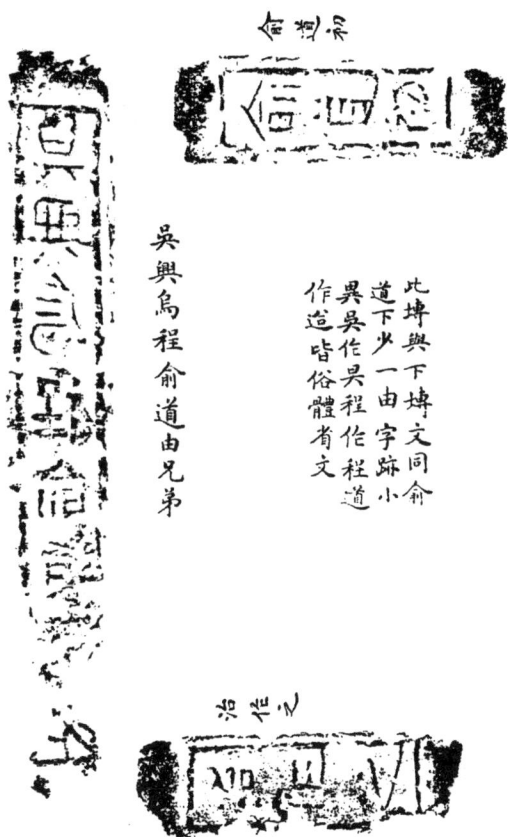

图 13·2："吴兴乌程俞道由、俞道初兄弟治作之，永嘉元年八月十日立功"砖拓之二。采自吴隐《遯庵古砖存》，西泠印社民国印本

黄帝之将曰俞跗，遥遥华胄无从考。

《列子》三医俞氏存，寓言十九恐非真。

已传汉世改从俞〔俞东〕，更见吴时赐姓孙〔俞河〕。

要之江东有俞氏，亦有一二见于史。

将军俞恭败可怜，都督俞赞降可耻。

幸而东晋又起家，一才一节俱堪夸。

俞纵捐躯死兰石，俞归高论屈重华。

如何俞容仕前赵，竟以常侍弄牙爪。

要知此姓在江东，自晋而下颇不少。

宋有将军俞伯奇，又有欣之与湛之。

俞佥永嘉一郡吏，而以孝义千秋垂。

更有茶陵子俞东〔俞道隆〕，乃与此砖名酷似。

降而南齐亦有人，传中一见俞公喜。

是时门第虽未崇，颇亦不与衰门同。

欲使俞药改姓喻，咄咄怪事萧老公。

云旗将军终不改，姓自臣始语何伟。

惜哉隋有俞普明，以术者传无乃猥。

不如文俊在唐朝，庆山一谏其人高。

小儿节疗有俞窦，能以医传亦足豪。

厥后钱氏有吴越，闻人又见俞公帛。

俞寿俞浩虽无闻，亦有姓名留载籍。

《宋史》列传登三人，曰充曰栗曰献卿。

《隐逸传》中俞汝尚，《艺文志》内俞庭椿。

为问元朝有谁某，象山县男堪不朽〔俞述祖〕。

胜朝佐命数河间，一姓四公古无有〔俞廷玉，子通海、通源、通渊〕。

呜呼！

上从五帝迄元明，沧海桑田几度更。

系无宰相难成表，代有传人亦足荣。

青史论人人不足，何妨更取丛编续。

俞益期见《水经注》，俞郢见于《清异录》。

我将宦绩数从头，颇亦不愧甘棠稠。

已见顺昌留政绩〔俞伟〕，更闻力战在嘉州〔俞兴〕。

我将著述问先哲，颇幸名山人未绝。

十卷《尚书集传》成〔俞元燮〕，《丛谈》岂仅题萤雪〔俞元德〕。

我将经义穷搜牢，麟经独抱汉与皋〔俞汉、俞皋〕。

风流更有玉吾叟〔俞琰〕，摇头说《易》几忘劳。

我将书法问前代，书史之中有人在。

紫芝翁仿赵鸥波〔俞和〕，建德君师李北海〔俞镇〕。

我从诗国溯风流，秀清二老俱千秋〔俞紫芝、俞紫琳〕。

《佩韦斋集》十六卷，至今犹荷《四库》收〔俞德邻〕。

而要诗人不止此，唐宋遥遥两进士〔唐俞简、宋俞桂〕。

更有金山寺壁诗，谁欤作者名俞似。

山人俞远神仙姿，俞浙潜心注杜诗。

岂独异人有俞叟，岂徒识味有俞儿。

所嗟谱牒今无一，三桓七穆凭谁说。

子美难归五派中，伯鱼敢谓诸田出。

自明以后数难终，欲稽所出嗟无从。

漫将吹律夸清角，误欲分荣到汉封。

走也乌巾山下住，摩挲遍认先人树。

元朝提举希贤公，实始移家来此处。

今为雁户藕花汀，屋后山光空复青。

难将灵运《山居赋》，写作兰成《旧思铭》。

此砖未识何年出，思古幽情难抹杀。

姓氏除非豆麦殊，当年何必无瓜葛。

冉冉频惊人事迁，斑斑犹带土花圆。

待招华表归来鹤，重认乌曹旧日砖。

人笑郭韬强依附，我道颜标非认错。

不见当年触触生，殷勤来拜羲皇墓。[1]

诗中将黄帝以来俞氏知名者一一罗列，多达二三十余人，足见此老腹笥渊博。俞樾"筑右台仙馆"的第二年，在一次"诸同人小集"后到法相寺啜茗，汪鸣銮（1839—1907）、徐琪（1849—1918）曾于寺院的围墙上得到一枚"福寿"残砖，"敬以为先生（俞樾）寿"：

> 汪柳门（汪鸣銮）侍读、徐花农（徐琪）庶常，偶见寺
> 之坏垣，其上一砖，若有文字，乃使从者二人，一蹲其下，
> 一踏其肩以上，取得断砖一块，视之则"福寿"二字，完备

---

[1]《春在堂随笔》，卷四，俞樾《春在堂全书》，第5册，第439—440页。

无缺。其笔意非隶非楷，亦颇古雅。二君大喜，袖之以归。留置山馆，曰"敬以为先生寿"。余谢不敢当。乃花农即为作记，潘凤洲（生卒年不详）孝廉并为制铭，其事传播一时。先是李黼堂（李桓，1827—1891）方伯曾用东坡《石鼓诗》韵，为余作《书冢歌》，余既一再和之，至是因又用坡韵，为《福寿砖歌》，同人中和者甚多。花农汇而刻之，题曰《名山福寿篇》。[1]

后来，俞樾请弟子王廷鼎用高丽纸朱拓，粘于扇面，制成十余柄扇，分赠师友，名曰"福寿扇"。俞樾曾题诗曰："别馆山中草未滋，寓楼仍榜蒋公祠。何来福寿残砖字，得自宾朋雅集时。叠韵仍教依石鼓，制笺不必界乌丝。如今摹入齐纨扇，好与蒲葵一例持。"[2]除了"福寿扇"之外，俞樾还将此砖制成笺纸【图14】，其间颇多雅趣，可见俞樾的古甓情结亦深。吴昌硕在杭州诂经精舍中有过求学的经历，因此于古砖的兴趣，当也深受其师俞樾影响。

陆心源（1834—1894）

陆心源雄于财资，饶有古趣，尤嗜于汉、晋古砖的收藏，自号"五百汉晋砖斋主人"，并颜其藏砖处为"千甓亭"。关于他收藏古砖的兴趣培养是来自他的祖父，他在《千甓亭砖录》

---

[1]《春在堂随笔》，卷四，俞樾《春在堂全书》，第5册，第486页。
[2] 转引自《中国国学网》。

仰蒙仁兄大人閣下前日接讀
賜函敬悉
威棱秋肅
福履冬暄遠必
牙旗邁符心版第養病吳下
乏善可陳承
示課卷草：閱畢寄呈

曲園居士
柱吳下浮
此甎福字
中有壽星
將來傳家

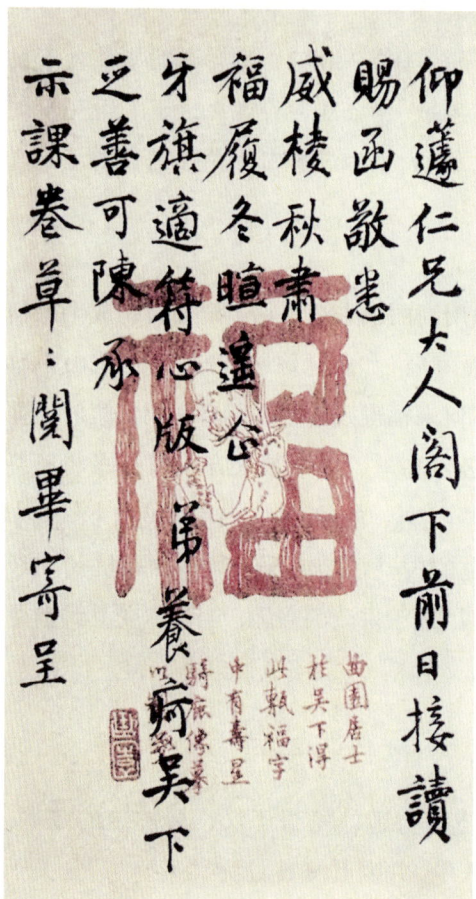

图14：俞樾"福寿砖"笺纸。采自张燕婴整理《俞樾函札辑证》，《中国近现代希见史料丛刊》第1辑，凤凰出版社2014年3月第1版

自序中云："余（陆心源）七岁就塾，先大父授以元康砖砚而训之曰：'是砚非端非歙，二千年物，辨其文字，可证经史。自昔名流珍如球璧，期尔学成，勿为俗士。'余小子受而识之，不敢忘嗣，后每见古砖有文字者，即请先大父而购之，迨成童有砖六枚。"[1]

吴昌硕在陆心源家似乎也有"假馆授餐"的经历，可能无非是协助陆心源整理、集拓古物而已。吴长邺《吴昌硕年谱简编》中提到：光绪元年乙亥（1875）、二年丙子（1876），吴昌硕馆陆心源家。可惜没有注明出处，不知所据。然据吴昌硕次子吴涵（1876—1927），小名"壶儿"是"湖"的谐音，为生于湖州纪念之意，由此来看，吴昌硕在光绪初年确是在湖州谋事，当然极有可能是在陆心源家。然按陆心源《千甓亭砖录》成书于光绪七年（1881），其自序中提到自己收集古砖起于光绪六年（1880），"不及一年得砖千余"，千甓亭的规模已成，后来因为"同好者争购竞收"，导致砖"奇贵"，甚至盗墓求利，陆心源认为"好古而害物，仁者不为"，于是"言于当事，严其禁"，而且自己也歇手"不复收砖矣"[2]。而此时，吴昌硕已经在吴云家"假馆授餐"。因此，各种关于吴昌硕研究的文章中所说的吴昌硕襄助陆心源整理、手拓古砖，则似无此可能。另外《石交集》亦无收录陆心源，可见两人的关系或许并不十分默契，非金石之交。吴昌硕为陆心源所刻的印，目前可知的仅"存斋眼福"一枚，印风略近徐三庚，由此可知为其约三十岁前后

---

〔1〕 陆心源《千甓亭砖录》，自序，《存斋杂纂》之三，光绪七年刊本。
〔2〕 同上。

的作品【图15】。总之，关于吴昌硕和陆心源的交往，尚需原始资料的挖掘，才能进一步展开。但吴昌硕对于古砖的兴趣受到陆心源的影响，这一点是毋庸置疑的。这在后面吴昌硕的砖拓题跋中，常常以陆心源千甓亭的藏品相比较，可以推知。

光绪二十年（1894），陆心源去世后，吴昌硕挽云："解组剧风流，庄拥莲花赢得五湖三亩宅；著书多岁月，老娱朱墨胜他百宋一廛楼。"[1] 句中道出了陆心源一生最重要的两项事业：藏书和著书。

金杰（1850—1882）

金杰，字俯将，江苏震泽人。他"任侠使气"，"好古，以收藏古物为务，力有不逮，必多方称贷以济。尤癖嗜古甓，蓄至数百种。一甓之值，或十余金，倾其资不顾也"，他"为质库司会计，岁之奉，尽以购古物"[2]。金杰与吴昌硕的交往较早，至少在光绪己卯（1879）年之前，两人关系就非常密切了。吴昌硕"苍石"印款可以为证："光绪己卯春，客苕上，宿金俯将寓中，贾人以二青田石求售。俯将谓石质甚佳，购以为赠。六月二日，苦铁记。"[3] 于此可知，金杰虽为震泽人，但谋事却很有可能是在苕上（湖州），吴昌硕与之交往，也极有可能始于湖州。

光绪八年壬午（1882）四月初，三十九岁的吴昌硕手书"道在瓦甓"四字赠予金杰，金氏为之狂喜，以古缶为答。此缶造型朴实简陋，颇具古拙之美，吴昌硕欢喜无比，遂将斋室取名为"缶庐"，

---

〔1〕 朱关田《吴昌硕年谱长编》，第126页，浙江古籍出版社2014年8月第1版。

〔2〕 沙匡世《吴昌硕〈石交集〉校注》，第62页。

〔3〕《吴昌硕印谱》，第3页。

图 15：吴昌硕刻"存斋眼福"。采自《吴昌硕全集·篆刻卷二》，
上海书画出版社 2015 年 4 月第 1 版

以志纪念，并赋诗一首，诗序曰："金俯将杰赠余古缶，云得之大圹，了无文字，朴陋可喜，因以名吾庐。光绪八年壬午四月记"；诗云：

> 以缶为庐庐即缶，庐中岁月缶为寿。
>
> 俯将持赠情独厚，时维壬午四月九。
>
> 雷文斑驳类蝌蚪，眇无文字镌俗手。
>
> 既虚其中守厥口，十石五石颇能受。
>
> 兴酣一击洪钟吼，廿年尘梦惊回首。
>
> 出门四顾牛马走，拔剑或似王郎偶。
>
> 昨日龙湖今虎阜，岂不怀归畏朋友。
>
> 吾庐风雨飘摇久，暂顿家具从吾苟。
>
> 折钗还酿三升酒，同我妇子奉我母。
>
> 东家印出覆斗钮，西家器重提梁卣。
>
> 考文作记定谁某，此缶不落周秦后。
>
> 吾庐位置侪箕帚，虽不求美亦不丑。
>
> 君不见，江干茅屋杜陵叟。[1]

嗜古情怀，由此足见。自此以后，金杰常送些古砖、砖拓给吴昌硕。譬如同年四月，赠"黄武元年"（222）砖一枚，吴昌硕将它制成砚台，并在砚侧刻铭云："壬午四月金俯将持赠。黄武之砖坚而古，卓哉孙郎留片土，供我砚林列第五。仓硕。"吴昌硕诗有"清光日日照

---

[1]《缶庐诗》卷二，光绪十九年刻本。

临池，汲干古井礴黄武"[1]之云，所指就是这枚砖砚。[2]吴昌硕《存没口号十二首·金俯将杰》有"双脚误踏市井门，移家苕上鸡与豚。独树当门傲五柳，坐石醉客浇一尊。抱汉晋砖当白璧，识金银气游黄昏。土缸持赠未及报，呜呼死别声难吞"[3]之云，即是纪实。另外，金杰还持赠过吴昌硕"永安元年（304）八月十三日，舍人番君作"砖拓[4]；"茅山施传"砖[5]。当然，身无余资的吴昌硕也唯有报之小印。

杨岘（1819—1896）

关于吴昌硕和杨岘的交往起始时间，学术界并无定论。然据《迟鸿轩诗文集》卷末吴昌硕跋所云："忆俊卿从学时，先生罢官寓吴门，爱之如忘年交，赁居庑下，有作辄呈正，为谈诗学源流正变及斟酌字句，自朝至暮无倦容。"检《杨岘年谱》，他罢官闲居吴门的时间为光绪五年（1879），寓所在苏州醋库巷[6]，因此，

---

〔1〕《瘦羊赠汪郎亭侍郎鸣銮手拓石鼓精本》，《缶庐诗》卷二，光绪十九年刻本。
〔2〕北京诚轩拍卖有限公司，2005年秋季拍卖会，瓷器工艺品，第0144号，曾拍卖过一枚"吴昌硕自用并刻铭黄武元年砖砚"，据云是得自吴昌硕后裔。
〔3〕《缶庐诗》卷三，光绪十九年刻本。
〔4〕此枚拓片参见"西泠印社2009年秋拍·名家手迹·碑帖法书专场"。
〔5〕西泠印社拍卖有限公司，2010年秋季艺术品拍卖会，中国书画近现代名家作品专场（二），拍卖号1326。
〔6〕醋库巷：平行于苏州十梓街中段南侧，东起凤凰街，西至平桥直街。宋时在此设监酒厅，筑醋库为储醋之所，因以名巷。后醋库另设别处，巷名保留。淳熙八年（1181），居巷内的黄由考中状元，知府韩彦质为表其闾里，于巷西口立"状元坊"，故当时也称此巷为黄状元坊（牌坊已于民国时拆除）。历史上为官宦绅衿聚居区，深宅大院栉比。38号王氏太原家祠为控制保护古建筑。44号茧园（柴园）为苏州市文物保护单位。巷长500米，宽4米，1963年改弹石路面为彩色菱形水泥道板路面。巷东端北侧原有支弄称东瓦片弄，南侧原有支弄称加官弄，20世纪50年代撤销弄名并入该巷。参见《沧浪区志》，第五卷（街巷河桥），第一章（街巷）。

吴昌硕与之交往最早当始于此时。是年，杨岘六十一岁，吴昌硕三十六岁。且以"赁居庑下"四字来推测，刚漂泊到苏州的吴昌硕很有可能有过短暂时间，租赁杨岘的房子暂为安居之处。[1]光绪六年（1880）的二月，吴昌硕就"假馆授餐"于吴云的两罍轩，也极有可能就是出自杨岘等人的引荐。当然这些还需要材料的进一步挖掘，才能证实。

杨岘与吴昌硕是忘年交，情同父子，在藏砖上两人同病相怜，共为财资不足而抱怨和叹惋。杨岘藏砖来源有三，即馈赠、润笔和购买所得。这也是后来吴昌硕从事古砖收藏的主要途径。一是馈赠所得。这部分古砖主要来自潘周尊（生卒年不详）、陆心源等人。这里不能不先介绍一下湖州地区的砖界前辈潘周尊。据杨岘《潘周尊传》云：

> 潘周尊，字兰陂，乌程学生员。盖潘氏子，出为周氏后。后乃复本姓周。初饶于财，至君则贫矣。好金石，尤好古甓，获一甓，必手琢磨为砚。拓其文，潢治巨册，遍匄大江南北名流考证而题识之。揭其斋曰"伍甓斋"。斋在郡东城，距余居不百武。余奔走衣食，岁或一再归，归辄经过无虚日。善画，画水仙、兰、菊，不求形似，当其落笔时信手乱涂，奇气喷溢，不顾天地间有古人也。其子不肖，婴祸。君恨甚，尽出古甓与所画当意者赠余，憔悴死。[2]

---

〔1〕 杨岘致吴昌硕的信札中有云："尊处下月租资仍购药丸为感。"也可以与之互证。高木圣雨编《杨岘の书法》，第205页，日本二玄社2006年3月20日初版发行。
〔2〕《迟鸿轩文续》，丛书集成续编，第159册，台湾新文丰出版公司。

由此可知，杨岘不但获得潘周尊所赠古砖甚多，而且他于古砖的兴趣也是受到了潘氏的熏染。如下面所提到的将古砖琢为砚，也可说明潘氏对杨岘的影响。按杨岘致陆心源信中"不敢望赠，缘此等砖价较贵也"[1]的语气推测，陆心源大约也赠送过一些古砖给他。二是润笔所得。杨岘挂单鬻书鬻文，虽然境况不甚佳，但偶有机缘，更为欢喜的还是以古砖为润。如其致五百汉晋砖斋主人（陆心源）札云：

> 五百汉晋砖斋主人左右：
>
> 　　奉惠书并书目，敬悉一一。公新得善本书，岘八月间到沪，即有所闻。今阅全目，皆残鳞剩甲，公所弃耳，殊无合意者。适高陶堂（高心夔，1835—1883）见之，挑四十余种。原函云卅七种，恐误。目上用梅花式红圈者是。似须议价，原字呈鉴。另有顾千里（顾广圻，1766—1835）批《三国志》，想是过批。如的系原批〔非原批不必寄〕，岘愿得之。曩藏武林孙氏（应为寿松堂）校慎独斋本《三国志》，卷面陈老莲（陈洪绶，1598—1652）题签，已付劫火。此不知何本，幸示。岘患痔将半月矣，起坐甚艰，久不握管。要我书斋榜，须以古砖作润笔，砖愈佳，则字亦愈佳也。此请大安。岘顿首。小春二十日。[2]【图16】

---

〔1〕 刘荣华《杨岘与千甓亭主人的古砖情结》，《中国文物报》2008年3月5日。
〔2〕 同上。

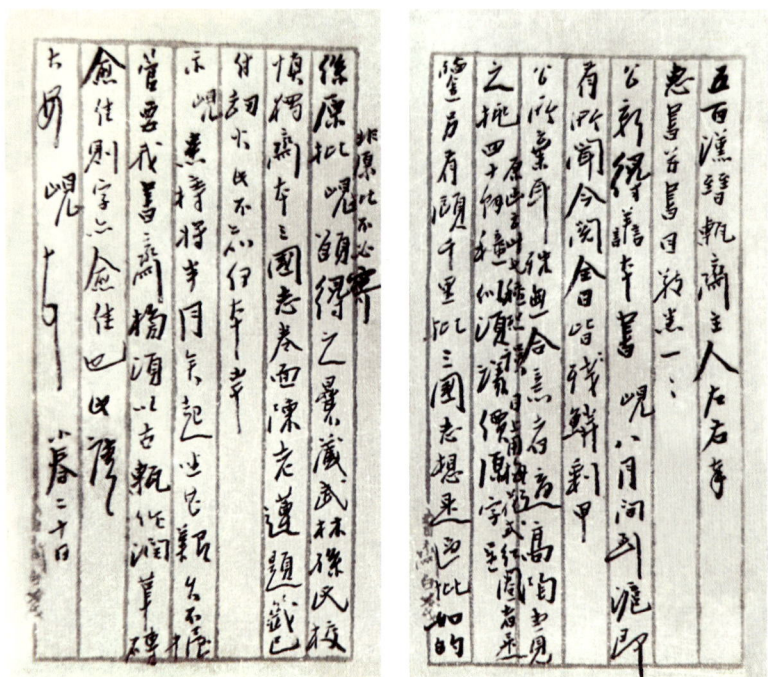

图 16：杨岘致陆心源札之一。私人收藏

按"岘八月间到沪"句，是札作于光绪九年（1883）十月小阳春，杨岘时在松江府任上。是年夏，杨岘谒两江总督左宗棠，"旋奉饬知松江府事，上海县亦松江属"。此番任职，时间极短，第二年三月，杨岘即谢去。[1]杨岘与陆心源是乡试同年，关系想必极佳，因此索要古砖作为润笔，不加丝毫掩饰。三是购买所得，这是杨岘获得古砖的主要途径。如其致陆心源札中，就多次谈及向其购砖之事：

> 五百汉晋砖斋主人左右：
>
> 　　奉手书敬悉，所寄之书尚未收到，大约今日可到矣。匆忙为写斋额一纸，不甚佳，先寄上，暇时另写再寄。闻朱修廷（生卒年不详）云"主人所得砖，通牵不过每块一洋"，庸艳羡之至。如有重复之"本初"（146）、"甘露"（265）、"黄龙"、"天册"、"天纪"（277—280）、"天玺"（276）、"黄武"（222—228）、"嘉禾"（232—238）等砖，不论全块、半块〔或则三国以前砖更好〕，只要字画清晰无损伤者，幸开价示我，力所能购，则购之。不敢望赠，缘此等砖价较贵也。修廷又云"主人可以贱售"，故特奉询，乞示复。此请台安，庸道人顿首，十九日。[2]

> 千甓主人左右：
>
> 　　奉惠书并洋佛八尊收悉。庸有润格，从未收资，今既寄

〔1〕　参见《藐叟年谱》光绪九年、十年条下，第617—618页，北京图书馆编《北京图书馆珍藏本·年谱丛刊》，第163册，北京图书馆出版社1999年版。

〔2〕　刘荣华《杨岘与千甓亭主人的古砖情结》。

来，却则矫情，斯受之而已矣。若真个人人送润，不强似谋差使耶！此请台安，庸顿首，三月十一日。

再前此承寄各残砖，询之琢砚者，云俱有硬砂，不能开琢。昨示"嘉禾"、"黄龙"残砖，价不过二三洋，未知有硬砂否？岘颇欲得之，不吝价也。然有硬砂则不必矣。此恳。〔1〕

第一札，按"匆忙为写斋额一纸"语，可知作于前一札之后，亦即光绪九年。按信札中杨岘坦率而无丝毫矫情的话，颇可以看出他于古砖的嗜痂之好。杨岘还有一封致陆心源的信，其中涉及古砖辨伪，以及吴昌硕藏砖的一些故事，颇具史料价值，故全文移录如下：

千甓亭主人执事：

读来示，敬悉一一。藐（杨岘）与仲复（沈秉成）、彦侍（姚觐元，？—约1902）、垆青（不详）皆曰乡年，在京至好，然不如兰谱之尤密也。即以势利论，执事不在三君子之下，何必多此一猜。承谕到苏必枉顾，则又似太拘人，同感。藐不拜客，不宴客，半为畏讥，半为光景不充，格外节省起见。自己杜门偏夷，客之不来，是不恕矣。嗣近，执事高兴，即过谭，明窗论著，亦一乐境否？即飘然径去，如行云流水，有何嫌疑？藐前书一时戏语，勿见怪为幸！今日时

〔1〕刘荣华《杨岘与千甓亭主人的古砖情结》。

势迥异，尊亲如恭邸，安攘如恭邸，尚遭意外，矧战革乎？原参折内有"藐视上司"等语，孟子曰"说大人，则藐之"，藐非恶谥，故改号"藐翁"〔同寅中敢藐视上司者有几人哉〕。方志荣宠，何戚戚之有。新赐各种，感谢！惟云《砖录》有大谬一句，不知何指？乞示。前赐砖拓廿集，愚意谓"光和"伪之，至"神"、"爵"字太软弱，恐亦不可恃，当以"征和"（前92—前89）、"地节"（前69—前66）、"元凤"（前80—前75）为超等发行。"延熹"细审是"太岁壬戌"〔延光元年（122）本壬戌〕，非"太岁在戌"，或本是"太岁在戌"，拓手不清楚。藐误认，亦未可定，盍一检校之。近与昌石（吴昌硕）同弄古砖消遣岁月，惜两人皆无钱，又吴中非产砖之区，不可多得。不得已，以两汉、三国为断，三国而下一概不收〔昌石并无汉砖，只收吴砖〕。藐汉砖仅"本初"三枚、"永寿"（155—158）二枚、"延熹"（158—167）一枚、"建和"（147—149）一枚、三国十余枚〔无年月者不在数内〕。"建和"字太模糊，几不可认，尚拟弃去。如此寒陋，得毋为千甓者齿冷乎！忆乱前，藐购自潘兰陔者三十余枚〔皆三国砖〕。戊午（1858）天台洪氏（不详）持先德《砖录》嘱代乞秘轩卿（不详）授梓，即以四百余砖赇介绍者，晋、唐砖居多。然西汉如"汉十二年"（前195）、"吴元年"（222）、"元凤元年"（前80）、"本始三年"（前71）、"地节二年"（前68）、"居摄二年"（7）；东汉如"章和"（87—88）、"延光"（122—125）、"阳嘉"（132—135）、"汉安"（142—144），皆精极。咸阳一炬，不能久享，良由福分太小也。附陈以博一粲。即颂。金石寿。葓翁顿首。[1]

按札中所云，当时砖多有伪品。究其原因，是收藏风气大盛，做假砖有利可图的缘故，因此出现伪造、改刻等各种作伪的手段。札中随处可见的是杨岘抱怨嗜古砖而身无余资的无奈和矛盾心理。由上述三札可以大致看出杨岘藏砖的数量和品种，即以两汉、三国为断，三国以下一概不收。其主要原因，当然还是财力有限的缘故。"忆乱前，葓购自潘兰陔者三十余枚〔皆三国砖〕"，并结合光绪十一年（1885）夏四月十六日杨岘给吴昌硕《赤乌七年残砖砚》拓本中题跋云："道光二十年（1840），潘君兰陔赠余'赤乌九年'砖，此为余搜罗古砖之始，乱后皆失之，今藏'赤乌七年'与此正同。"[2]可知杨岘收藏古砖始于道光二十年，所得不菲，但都在战争中散失了。至于吴昌硕的古砖收藏，与杨岘相比，更为寒涩，并无汉砖，只收吴砖，这都是缺乏财资的缘故。其中"近与昌石同弄古砖消遣岁月"一语，颇可见杨、吴二人嗜古的兴趣和爱好是如此的同步，吴昌硕尊杨岘为师，杨之兴趣爱好以及学问，对吴昌硕潜移默化的影响是毋庸置疑的。如吴昌硕《缶庐别存》自序云："予耆（嗜）古砖，绌于资，不能多得，得则琢为砚，且镌铭焉"[3]，与杨岘"再前此承寄各残砖，询之琢砚者，云俱有硬砂，不能开琢"，互为印证，说明两人兴趣如一。尤其是最后一札，提供了关于吴昌硕收藏

〔1〕　刘荣华《杨岘与千甓亭主人的古砖情结》。亦见于陆心源《潜园友朋书问》。
〔2〕　安吉吴昌硕纪念馆藏原拓，《吴昌硕纪念馆藏作品集》，第97页，上海书画出版社2014年8月第1版。
〔3〕　《缶庐诗·缶庐别存》，光绪十九年刻本。

古砖的一些信息，始终是了解吴昌硕藏砖极其珍贵的材料。

潘钟瑞（1822—1890）

吴昌硕《香禅精舍图为潘瘦羊先生钟瑞题》诗跋云："先生（潘钟瑞）无室家之累，翛然一身，如空山老衲而无打钟供佛之烦。出语精妙，深得禅理。"[1]又《石交集》云："（潘钟瑞）家世华朊，不屑进取，以考订金石自娱。与余有深契，过从频数。每得书画碑版，辄共欣赏。恒为余题跋，余亦为君奏技，相得甚欢焉。"[2]两人颇多诗兴，有唱和之作，如《天平山看枫和瘦羊》。两人的交往，至少可以追溯到光绪癸未（1883）年之前。[3]

在吴昌硕学习石鼓文的道路上，潘钟瑞曾给予过一次很重要的帮助——割爱赠予秘藏多年的汪郎亭（汪鸣銮）手拓石鼓精本。而吴昌硕则报之以手临金文，其款云：

> 石鼓近以汪郎亭侍讲罗纹笺拓本为最，瘦羊博士藏此有年，索余临天一阁本金文以相易，楮幅未竟，诗以媵之。光绪丙戌（1886）十月廿日，仓硕吴俊。[4]

故据上所述，潘钟瑞赠予吴昌硕石鼓文精拓本的时间在光绪丙戌。

〔1〕《缶庐诗》卷一，光绪十九年刻本。
〔2〕沙匡世《吴昌硕〈石交集〉校注》，第38页。
〔3〕案：《石交集》潘祖荫条下有"（潘祖荫）癸未春，读礼家居，偶见余篆刻，有过誉，遂以印托其族瘦羊先生命刻"云云，可见吴昌硕与潘瘦羊的交往必在癸未年无疑。
〔4〕《临天一阁本石鼓文手卷》，中国嘉德国际拍卖有限公司，2009秋季拍卖会，中国近现代书画（一），第0941号拍品。

是年，吴昌硕四十三岁，正是为衣食四处奔波、风雨飘摇的中年。
虽然早在光绪十一年（1885）之前，吴昌硕就曾获得王楠话雨楼
旧藏明拓本《石鼓文》，[1]潘钟瑞此举还是无异于雪中送炭，为其研
习石鼓文提供了帮助。因此，也可以说正是这份石鼓文拓本为尚
在书法道路上取法不定的吴昌硕明确了方向。

郎亭舀水洗石鼓，毡蜡登登忘辛苦。

天一阁本付劫灰，楮墨如此前无古。

更喜残字经搜剔，欲媲麟经存夏五。

颇怪当日向传师，礌缺珊瑚何莽卤。

臼科未掘先作臼，碎玉剖珠咎谁主。

郎亭好古兼好事，神物谓不一二数。

太学有公不寂寞，讲解切磋日卓午。

鼓高尺余类柱础，想见拓时肘著土。

心仪文字十余载，思得翠墨悬环堵。

瘦羊博士今斯翁，下笔欲剸生龙虎。

谓此石刻史籀遗，伯仲虢般与曾簠。

嫌我刻印奇未能，持赠一助吴刚斧。

虽较明拓缺氏鲜，胜处分明露钗股。

韩歌苏笔论久定，欧疑万驳辨何补。

昌黎楮本今难求，有此精拓色可舞。

仪征让老（吴让之，1799—1870）虞山杨（杨沂孙，1812—1881），作者

---

[1] 仲威《环宇读碑书系·碑帖鉴定要解》，第3—9页，上海书画出版社2015年8月第1版。

同时奉初祖。

　　邵亭莫叟（莫友芝，1811–1871）尤好奇，屈强出之翻媚妩。

　　后学入手难置辞，但觉元气培脏腑。

　　从兹刻画年复年，心摹手追力愈努。

　　蓻溪新居南园邻，种竹逐花满庭户。

　　清光日日照临池，汲干古井礴黄武〔时以黄武砖为砚〕。[1]

汪鸣銮精拓本《石鼓文》是阮元据天一阁所藏宋拓本翻刻而成。天一阁宋拓《石鼓文》为存世最佳的本子，阮元有感于张燕昌双钩刻石本尚未精善，因此重摹精刻，先后两次。一是嘉庆二年（1797）夏，重摹上石，嵌于杭州府学明伦堂壁间；一是嘉庆十一年（1806），丁忧在家的阮元受扬州太守伊秉绶的委托，又重摹上石，置于扬州府学。按诗中所述，阮元重摹本与明拓本相比较，也是互有优劣，因此在当时也是难求之物。光绪甲申（1884）三月吴昌硕由南宫里迁居西亩巷，光绪丙戌十月三日，吴昌硕自谷树桥移居醋库巷上庸夫。[2] 而诗中则有"蓻溪新居南园邻"之云，可见此诗所咏正是吴昌硕迁居西亩巷之后，迁居醋库巷之前诸事，因西亩巷与南园为临。而"清光日日照临池，汲干古井礴黄武"，正是他和杨岘、潘钟瑞等人当时痴心于古砖收集，并琢成砚台，作为文房清玩的情景再现，也是他发心愿用心研习石鼓文的

---

〔1〕《瘦羊赠汪邵亭侍郎鸣銮手拓石鼓精本》，《缶庐诗》卷二，光绪十九年刻本。

〔2〕《缶庐诗》卷一有《甲申三月，铁老过西亩巷新居索和》，《元盖寓庐诗存》有《丙戌十月三日自谷树桥移居醋库巷上庸夫》，据二诗可以推知。参见朱关田《吴昌硕年谱长编》，第45、65页。

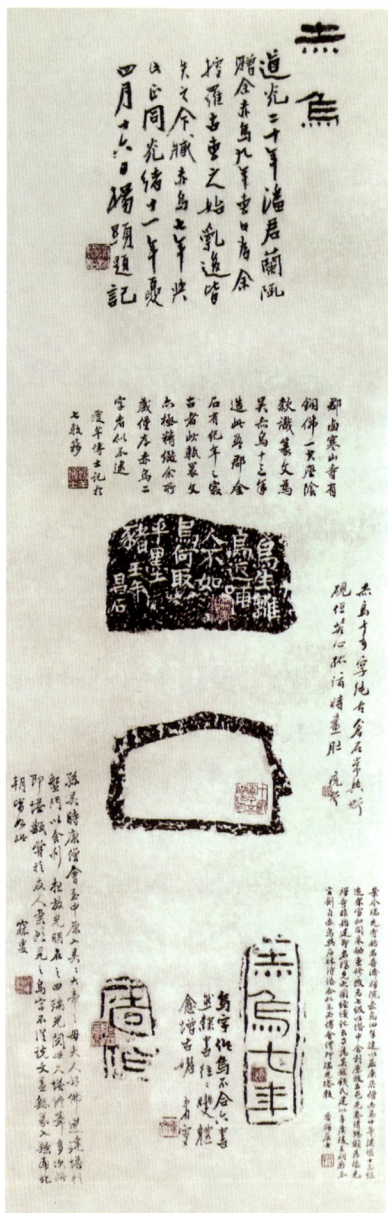

图17：潘钟瑞、杨岘等题吴昌硕
"赤乌"残砖砚拓本。安吉吴昌硕
纪念馆藏

真实写照。光绪十六年（1890），潘钟瑞去世，吴昌硕有《哭香禅居士》诗："自哭香禅死，吟诗句不成。抱残金石刻，来梦水风声〔曾为题《停风听水填词图》〕。尘冷北窗榻，书遗南面城。汪伦应把臂〔谓茶磨〕，泉路重交情。"[1]

吴昌硕除了为潘钟瑞画过《停风听水填词图》之外，还为他刻过"五百造像之藏"印[2]，款云："戊子（1888）二月，瘦羊丈令吴俊昌硕刻"，可见潘钟瑞所藏造像颇丰，可与叶昌炽的"五百经幢馆"相媲美。潘钟瑞于古砖也颇有嗜好，有"七砖簃"之斋室名。他在吴昌硕《赤乌七年残砖砚》拓本题跋中云："郡卤（西）寒山寺有铜佛一，其座阴款识篆文为'吴赤乌十三年（250）造'，此吴郡有纪年最古者，此砖篆文亦极精致，余所藏仅存'赤乌'（238—251）二字者，似不逮。瘦羊博士记于七砖簃。"[3]【图 17】他还送过一枚"黄龙砖砚"给吴昌硕[4]，由此可见，潘钟瑞与吴昌硕也是砖友。吴昌硕寓苏州时，曾以所得古砖出售，以谋微利。如潘钟瑞《香禅日记》光绪十一年（1885）三月初十日条云：

> 至仓石寓，观古砖，固劝余购一二，以为难逢之事。余以"赤乌"为孙吴时，是吾乡旧物；又有作双凤形、作双虎形者，并取之，虽无纪年，而物颇古，双虎之面有泉文曰"大泉五百"。仓石又劝余得"建兴"（252—253）一砖，字文极妙，

〔1〕《缶庐诗》卷四，光绪十九年（1893）刻本。
〔2〕《吴昌硕印谱》，第 223 页。
〔3〕安吉吴昌硕纪念馆藏原拓，《吴昌硕纪念馆藏作品集》，第 97 页。
〔4〕参见本书第三章第三节。

价亦最昂，即令其仆携送余馆中，余骤得宝物矣。其余有"五
凤"、有"永宁"（301—302）、有"永嘉"（307—312）、有"建
安"、有"宝鼎"（266—269）、有"凤皇"、有"元康"（291—
299）、有"永安"（258—264）、有"永昌"（322—323）、有
"咸和"诸年号；又有"吉富贵"、"大富安"、"永秘传"诸字
样；又有"太岁在丁酉"五字，则不知何代何帝。而"元宁三
年"一砖尤异。[1]

由此，可知通过吴昌硕之手，潘钟瑞购得"赤乌"、"双凤"、"双
虎"、"建兴"等古砖。之后，潘钟瑞遂以"双凤双虎"为斋号，
求吴大澂题"双凤双虎之馆"匾额，并在第二年（1886）将二砖
琢为砚，再请吴昌硕刻"双凤双虎专（砖）砚斋"印，款云"瘦
羊先生正篆，丙戌十一月，仓石"。而这样的事，想必绝非一次，
可见家素贫寒的吴昌硕当时很有可能以古砖出售所得微利来贴补
家用。

吴大澂（1835—1902）

吴大澂和吴昌硕相交约在光绪庚寅（1890）年。之前吴大澂
一直在广东、山东等地为官，吴昌硕虽然早闻其人，却无缘识荆。
是年正月，吴母韩太夫人去世，吴昌硕才有机会与丁忧在家的吴
大澂交往。是年夏，吴大澂还与顾沄（字若波，1835—1896）、许
镛（字子振，生卒年不详）、顾潞（字荼村，生卒年不详）、陆恢

---

[1] 转引自徐越人《双凤双虎砖砚斋的砖与印》。

（字廉夫，1851—1920）、金彰（字心兰，1841—1909）、倪宝田（字墨耕，1855—1919）、顾麟士（1865—1930）等人组织了"怡园画社"，吴大澂被推为社长。"愙斋鉴藏书画"[1]一印，就是吴昌硕在是年秋季为吴大澂所刻。对于吴昌硕的篆刻，吴大澂颇为欣赏，这在光绪壬辰年（1892）正月吴大澂为吴昌硕所绘《红梅图》题跋中可见一斑：

> 君画如我篆，象形会意殊草草。我篆类君画，落花满地随风扫。两人相对一灯青，笔酣墨舞同怀抱。此中真趣勿为外人道。壬辰正月十九日。缶庐道兄索题，白云山樵大澂。此二印皆缶庐所刻，得之狂喜。[2]

是年三月，吴大澂赴湖南任上，与吴昌硕分别，直到光绪甲午（1894）八月，吴昌硕在津门正式入吴大澂幕，参与"甲午战役"。[3]自此，吴大澂与吴昌硕的关系变得颇为微妙和特殊。从身份、地位上而言，吴昌硕是其幕僚；从学术、艺术上而言，吴大澂是吴昌硕的师长，给予他提携和帮助。如提供藏品给吴昌硕过眼，既满足了他的嗜古兴趣，又增长了其金石学上的知识，这对寒酸的吴昌硕而言无疑是最有益的帮助；同时，吴大澂精湛的学术造诣对吴昌硕而言也是足资师法。且吴大澂、吴云和陈介祺关系密切，陈介祺的拓片除了分赠吴云之外，吴大澂所得也颇多，

---

[1]《吴昌硕印谱》，第232页。
[2] 朱关田《吴昌硕年谱长编》，第99页。
[3] 同上书，第124页。

因此吴昌硕通过吴大澂，得以看到陈介祺的藏品拓片，并从中汲取营养，也是毫无疑问的。

光绪二十年（1894），中日"甲午战役"爆发。据《愙斋自订年谱》所载：是年（1894）六月，吴大澂"在湖南巡抚任内，疏请视师"；八月抵津，"旋奉命驻山海关，稽查沿海防务"；"九、十月，湘军魏光焘（1837—1916）、余虎恩（？—1905）、刘树元（生卒年不详）等各营，先后抵关，鄂军熊铁生（生卒年不详）、吴元恺（生卒年不详）亦归节制。购外洋军械，夕朝训练"；十二月，"奉帮办军务之命，嗣以金、复、海、盖相继陷，二十日电请督师出关。即奉先一日电旨，促令出征"。光绪乙未（1895）"二月初六、初七两日，日兵以大股从间道犯牛庄，魏光焘、李光久（？—1900）等血战两昼夜，卒以寡不敌众，相继溃败。引咎电请严谴，奉命退守锦州。载日复奉撤任帮办军务，来京候用之命，行抵津门，得旨：革职留任（回湖南巡抚本任）"；"四月，（吴大澂）回湘接任"。[1]据此可知，是年八月吴昌硕随吴大澂抵津，旋即赴山海关；但至岁末（大寒节左右），吴昌硕因继母杨氏病，又马上乞假南归[2]，这在吴昌硕致朱正初的信札中也可以证实："顷由山海关南旋，今日由梅（梅溪）至城（安城）。明日一早望屈驾至芜园，当与君快谈中日战事。"第二年（1895）春后，杨氏病稍好转，吴昌硕又旋即北上，追随吴大澂

----

〔1〕　以上引文见吴大澂《愙斋诗存》，附录三《愙斋自订年谱》，华东师范大学出版社2009年8月第1版。

〔2〕　据吴昌硕《画博古》有"是时岁将除，冰雪正寒冱"，《神仙富贵图》有"光绪甲午大寒，榆关归来"云云，推知。参见朱关田《吴昌硕年谱长编》，第124—125页。

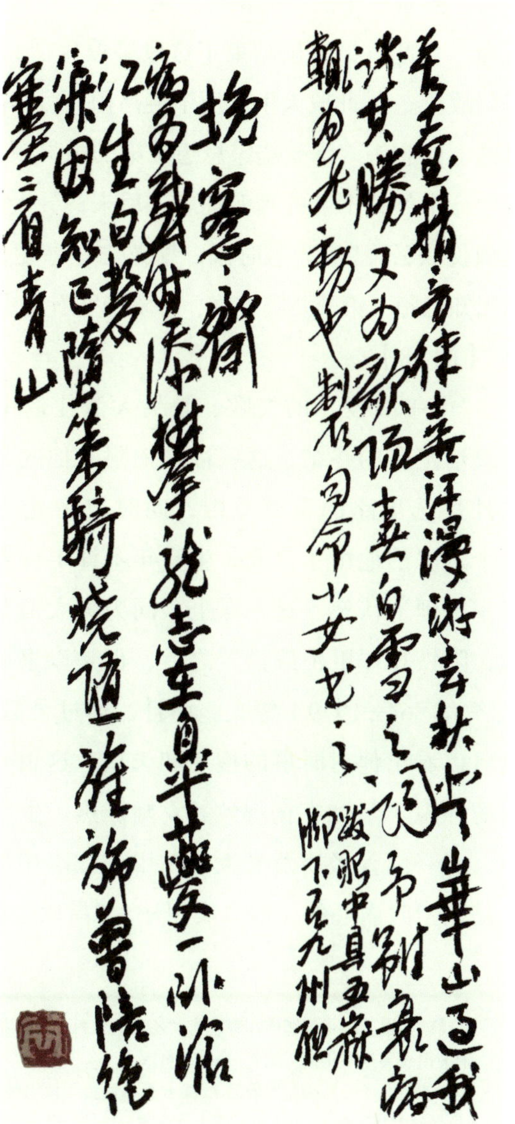

图 18：吴昌硕挽吴大澂联。采自张荣德主编《吴昌硕翰墨珍品》，第 6 页，西泠印社出版社 2013 年 5 月第 1 版

左右。随着甲午战事的惨败，吴大澂于乙未四月被革职，回湖南听命。自此，吴昌硕结束了这段幕僚生活，并于是年闰五月后，还归故里。[1] 此段人生经历于吴昌硕而言很是重要，断绝了他在仕途上的念头。深受儒家思想熏染的吴昌硕，学而优则仕一直是其生命中颠扑不破的真实理想。后来，吴大澂遽归道山之时，吴昌硕挽联云："病为感时添，攀龙志在皋夔，一卧沧江生白发；泪因知己堕，策骑晓随旌斾，曾陪绝塞看青山。"[2] 盖为纪实之言也。【图18】

"甲午战役"的失败，是吴大澂仕途中的一大败笔，促使其政治生命的终结，这些都是依附于他的吴昌硕不得不在仕途之外另选出路的重要原因，同时也为光绪二十五年（1899），五十六岁的他由丁葆元（生卒年不详）保荐下出任一月的代理安东令埋下伏笔。这一点上，同为吴大澂幕僚的陆恢也与之相似，陆恢在"甲午战役"之后，也是以书画谋生，最后依于庞元济（1864—1949）等人。而且，通过吴昌硕当时的一些信札，也可以看出他对时事的抱怨和失望，这也是促使他转变谋生思路的外因。[3] 如在杨岘致其女婿汪煦（生卒年不详）[4] 的信札中，有一函曾经谈及吴大澂在甲午战事中的事，其中可以看到吴昌硕当时内心的一些真实想法："昌硕来函，吴（吴大澂）奉

---

〔1〕 吴昌硕为崧生题《削觚庐印存》有"乙未闰五月，同客析津"之云，故而推知。参见朱关田《吴昌硕年谱长编》，第132页。

〔2〕 张荣德主编《吴昌硕翰墨珍品》，第6页，西泠印社出版社2013年5月第1版。

〔3〕《吴昌硕书札选粹》，第3页，荣宝斋珍藏墨迹选，荣宝斋出版社1994年10月第1版。

〔4〕 汪煦，字符生，江苏无锡人，归安杨岘女婿。据《海上墨林》云，官浙江知州，以某案获谴，家沪上，工诗词，书法亦奇兀，尽得迟鸿轩衣钵。

图 19：吴大澂古砖题跋。采自《愙斋砖瓦录》，西泠印社
民国刊印本

电谕稽查北洋防务，自大沽至山海关各营统归调遣，似倚畀甚隆，何以被劾之归？昌硕又云，吴以前敌，自命奇极，临事而惧，好谋而成圣人，且然矧非圣人乎！区区书生胆大包天，轻敌者必败，非佳兆也。不料垂尽之年，尚遇此种事，忧从中来，不可断绝。"[1]吴大澂执掌大权，朝廷倚之甚重，"甲午战役"之后，到底还是毫不留情地被赶回老家，吴昌硕甚为之迷茫。在吴昌硕看来，"自命奇极，临事而惧"的书生轻敌心态，加之意气用事，是导致"甲午战事"失败的主要原因，因此他和杨岘为其抱憾不已。

古砖收藏是吴大澂众多收藏中很少的一部分，现存的《愙斋砖瓦录》中仅存其砖瓦拓片"瓦当十、瓴一、砖七"[2]，潘景郑《吴愙斋先生年谱》所附的《百二长生馆藏砖目》则列砖目二十一种，但也只是吴大澂藏砖仅存的"十一于千百"。[3]【图19】

李嘉福（1829—1894）

李嘉福，字麓苹，号笙鱼，自署石佛庵主、语溪老民。浙江石门（今崇德）人，侨寓吴县（今苏州）。精鉴赏，收藏极富。《石交

---

〔1〕 高木圣雨编《杨岘の书法》，第239页，日本二玄社2006年3月20日初版发行。2013年5月第1版。关于吴大澂请缨"甲午战役"之事，据黄遵宪《人境庐诗草笺注》（第248页），《中华艺林丛论》（卷二，第292页）所云，绍兴徐熙从吴昌硕处得到"度辽将军"汉铜印，转献时任湖南巡抚的吴大澂，其以为吉兆，遂慷慨请缨抗日。而此印为吴昌硕旧藏，得于光绪戊子（1888），尝以示施浴升，施浴升有《度辽将军印考》一文，力辨非伪，详见《金钟山房文集》。因此，后世有"度辽将军"印为吴昌硕作伪之云。

〔2〕 吴大澂《愙斋砖瓦录》，吴隐跋。桑椹《历代金石考古要籍序跋集录》卷二，第1081页。

〔3〕 潘景郑《吴愙斋先生年谱》，第293页，文海出版社1965年初版。

集》有传。他是吴徵（1878—1949）的岳翁。吴滔（1840—1895）、
吴徵父子与吴昌硕关系颇密，尤其是吴滔，曾为吴昌硕作《芜园
图》，吴昌硕宝爱无已，倩人题跋累累，成洋洋巨观。据吴昌硕为李
嘉福所刻"笙鱼"[1]一印款云："甲戌（1874）长夏，香补制"，时年
吴昌硕三十一岁，正客杜文澜（1815—1881）曼陀罗华阁，故二人交
往也大致在此时。据光绪版《石门县志》卷十《金石》载有其藏砖
两枚：

　　汉黄龙砖
　　　　文曰："黄龙元年壬申（前49）造。"凡七字。案：汉宣帝、
　　吴大帝皆有黄龙年号，吴年无壬申，知为西汉物也。藏邑人
　　李太守嘉福家。

　　汉地节砖
　　　　文曰："地节四年（前66）。"同治七年（1868）邑诸生胡庆增
　　得自禾城北郭。今藏李嘉福家。

按汉宣帝、吴大帝均有"黄龙"年号。汉宣帝"黄龙"为时仅一
年，而东吴时"黄龙"年号砖则出土甚多，其干支仅有己酉、庚
戌、辛亥三个，故此砖是由东吴砖改琢而成的可能性极大，作伪
者的目的自然是求其善价。"地节砖"，陆心源《千甓亭古砖图释》
卷一中亦有一枚，为"地节元年"之物。李嘉福确言此砖由"诸

_____

〔1〕《吴昌硕年谱长编》，第19页。

生胡庆增得自禾城北郭"，因此为西汉之物的可能性较大。

胡钁（1840—1910）

胡钁，字掬邻，号废掬、不枯、晚翠亭长等。诸生。浙江崇德（今桐乡）人，寓居嘉兴。工诗，精竹刻、篆刻。《石交集》有传。以竹刻名世，颇得韩潮（字蛟门，1781—1846）真传。他又精于篆刻，"摹小秦玺毕肖，双钩古人书入石，能与原本不爽毫发"[1]。他于吴昌硕的印颇为欣赏，有"能独开生面"之誉，可谓知己之言。其子小掬克承家学，其媳吴氏静娥是伯滔之女，亦善刻画金石。由此可知，他还是吴昌硕挚友吴滔的姻亲。子、媳妇均能金石、竹刻，可谓是一门风雅。据光绪版《石门县志》卷十《金石》所云，胡钁亦有砖癖：

汉永宁砖
　　文曰："永宁元年（301）十月十八日造。"凡十字，下有人首形，质坚如铁。同治初出湖州菁山。藏胡钁家。

吴赤乌砖
　　文曰："赤乌七年造作吴家吉翔位置公卿。"凡十四字。案："翔"古通"祥"。藏胡钁家。

晋四面永嘉砖
　　文曰："永嘉元年八月十日立功吴兴乌程俞道由兄弟俞道

---

〔1〕《石交集》，胡钁条下。

初治作之。"凡二十五字周四面。阮文达公谓与双行"元康"
砖为千古绝对。德清俞太史樾作先世墓砖歌纪之。藏胡钁家。

晋建兴断砖

　　文曰："建兴四年（316）。"藏胡钁家。

其中"晋四面永嘉砖"即上文所提到的章绶衔赠送给俞樾的"吴兴
乌程俞道由、俞道初兄弟治作之，永嘉元年八月十日立功"砖。此
砖亦见陆心源《千甓亭古砖图释》、吴隐《遁庵古砖存》，且吴昌
硕亦得一枚，见施浴升《古甓记》。由此可知，此砖当时所出甚多，
先后得之者有章绶衔、俞樾、陆心源、胡钁、吴隐、吴昌硕等人。
2014 年 9 月初，在负版堂胡斐先生带领下，我曾到此砖的出土地湖
州施家桥一带，进行实地考察，于居民旧房墙脚发现残砖三品，虽
然文字已经漶漫，但"永嘉""兄弟""俞道初"诸字尚依稀可辨。

郑文焯（1856—1918）

　　郑文焯，字俊臣，号小坡，又号叔问、鹤道人、冷红词客、
石芝崦主、大鹤山人，奉天铁岭（今辽宁）人，隶正黄旗汉军籍，
"自言原籍高密郑氏，为康成后裔"，"工诗古文辞，又喜考证金
石，善倚声，兼通医理，精六法，人物山水，随意点染，咸有生
趣"[1]。据戴正诚《郑叔问先生年谱》记载可知：庚寅年（1890），
横山崩出晋太康九年（288）砖，砖上背有梅鹤画像，郑文焯为之

---

〔1〕　张鸣珂《寒松阁谈艺琐录》卷五，第 117 页，凤凰出版社 2010 年 3 月第 1 版。

惊喜不已，不但将砖琢为大鹤山房画砚，还作《晋砖砚歌》，并摹作信笺。其中不但可以看出郑文焯对古砖的喜爱，尤可见晚清文人之雅趣。近来经其题跋的砖拓现于拍卖会屡见不鲜。如《佛像、汉砖等墨拓》[1]四屏条。【图20】此帧为葛昌楹旧藏，内有"五凤元年（254）"砖、"高句丽好太王"墓砖等拓本，题跋累累。又《高句丽好太王砖》拓本[2]，为易大厂旧藏。郑文焯题跋之一云：

> 高丽永乐太王碑，盛伯羲祭酒有释文未之见，陆诚斋及日本人所考俱未精，余据东国通鉴证，以碑中纪年定为汉绥和二年（前7）立，侯宏达正是。写此墓砖字极浑茂，视碑文益古。叔问题。[3]

盛伯羲祭酒，即盛昱；陆诚（存）斋，即陆心源。据其题跋可知郑文焯于古砖之喜好，绝非泛泛，而是精于考释。据其中另一则题跋云：

> 高句丽好大王墓砖文。王廉生祭酒得之，拓以见示。石芝西堪记。此廉生祭酒夫人所手脱（拓）。戊戌（1898）四月在京师，文敏曾语予者，今乃有人琴俱杳之慨，可悲也已。又及。[4]

---

〔1〕 上海嘉泰拍卖有限公司 2005 秋季艺术品拍卖会，古籍善本专场，拍号 1752。网址：http://auction.artron.net/paimai-art36191752/。

〔2〕 广州华艺国际拍卖有限公司（原广州嘉德）2005 冬季拍卖会收藏品，中国书画收藏品专场，拍号 1460。

〔3〕 网址：http://auction.artxun.com/paimai-185-920666.shtml。

〔4〕 同上。

可知此拓为王懿荣所赠，且拓手为王夫人。纤纤玉手，尤令人浮想联翩。又《郑文焯藏拓》[1]，为"高句丽好大王"墓砖文、"五凤"砖、"铁浮图"等拓片，上有郑氏题跋十八处之多，亦为郑氏铭心之品。又海上步黔堂也珍藏有一帧郑文焯题跋《天纪元年砖拓》。[2]其跋云：

> "天玺"砖砚今犹在嘉兴，去秋岁末有估人曹疋（雅）伯携至沪上，因手脱（拓）一纸。鹤记。

于此可知此拓假借于估人所得。

郑文焯与吴昌硕均有侨寓苏、沪的经历，又同有金石之癖，因此关系颇为莫逆。吴昌硕为其刻了很多印，按印款所示而言，大约集中在光绪甲申（1884）至戊戌（1898）年之间。郑文焯"铁尊"印款云：

> 忆昔壶园邻柳巷，过门呼酒相从。苍寒云壑满奇胸，高怀长伴鹤，妙手本雕龙。而今偕隐淞滨老，故庐都付秋蓬，书师樗散两心同。不逢青眼答，还对黑头翁。调寄临江仙。断此以博缶翁道兄拊掌一笑。[3]

---

〔1〕 中国书店 2009 年春季书刊资料拍卖会，编号：0905-528。网址：http://www.zgsd.net/flash/showpicture.jsp?pid=ff80808120e3384f0120f4eede3c07d3&imgpath=/userfiles1/product/img/20090501/big/0905-528.jpg。

〔2〕 网址：http://www.cnhxs.com/thread-68995-1-1.html。

〔3〕 引自马国权《近代印人传》，第 15 页，上海书画出版社 1998 年第 1 版。

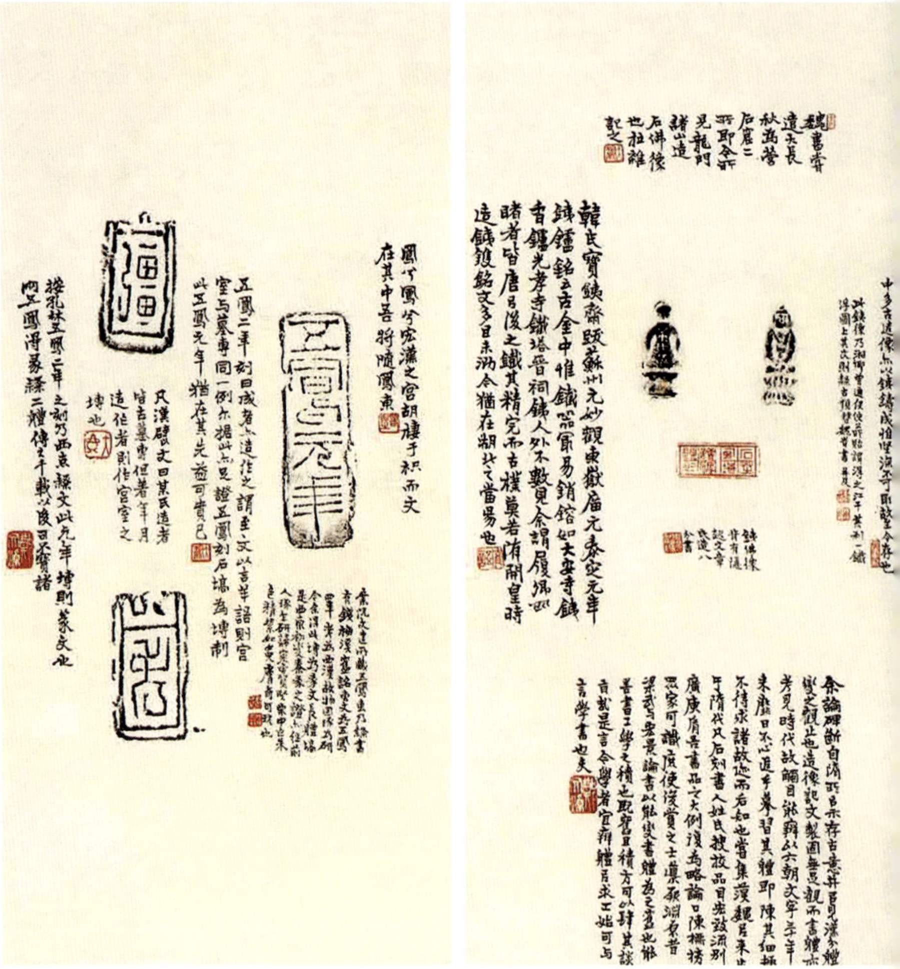

图 20：郑文焯跋《佛像、汉砖等墨拓》四屏条。葛昌楹旧藏

这里将两人的交往经过描述甚详，从"壶园邻柳巷"的"呼酒相从"到"偕隐淞滨老"，两人情谊不断，自始至终。吴昌硕为其所刻的印，有的边款还系以长诗，足见是精心之佳构，如"江南退士"款云："柳眼盼新晴，如人渴睡醒。涉江官渡晚，题竹佛镫青。斋散鸟求食，月明鱼听经。客归门掩处，应有白云停。立雪庵诗。叔问先生咲咲。壬辰（1892）三月昌硕吴俊"[1]；"瘦碧庵所得金石文字印"款云："瘦碧庵主索近作，刻重九诗应教：'把卷净生见，灭灯行役休。雨昏眠爱厌，诗瘦坐鸣秋。落木河之涘，重阳楼上头。凉风吹断雁，秋思满苏州。'甲申（1884）秋，吴俊"[2]；由此可见，两人的交往不独限于金石，还有诗文上的共同兴趣。

吴隐（1867—1922）

　　吴隐与吴昌硕、闵泳翔分别有"书匄（丐）""印匄"和"兰匄"之别号，盖是针对"鬻书""鬻印""鬻画"（闵氏专攻写兰）之谓。而且，吴隐是西泠印社的创始人之一，作为西泠印社首任社长的吴昌硕与之关系自是非同一般，尤为重要的是，作为金石、篆刻家的两人，对古砖更有着一致的兴趣。据张祖翼在《遁庵古砖存》序中所云："前年（宣统元年，1909）湖州野人古冢，得汉末、三国、晋、魏古砖数百由，吴君（吴隐）以重资尽购之，命工精拓其文字形式，且详考其时地姓氏，分为八卷，名之曰《遁庵古砖存》，以行于世。"[3]于此可见其于古砖的兴趣以及一掷千金的魄力。而且这些古

〔1〕《吴昌硕印谱》，第168页。

〔2〕同上书，第217页。

〔3〕吴隐《遁庵古砖存》，西泠印社民国印本。

砖均出自吴昌硕的故里湖州，想必吴昌硕对此也颇有兴趣。

刘世珩（1875—1926）

刘世珩，字聚卿，又字葱石，号檵庵，别署灵田耕者、枕雷道士。世居安徽贵池区开元乡南山村，故自称南山刘氏，后徙家江宁。富于古籍收藏，多达十数万卷。他是光绪二十年（1894）举人，曾与张謇（1853—1926）一齐办理工商事务，创办江宁商会、高等及中等商业学堂、江南商品陈列所、劝业工艺局等。民国十五年（1926），病卒于上海。刘世珩说自己"亦有金石癖，遇残砖乱石有一字可识者，悉政订之"[1]。上海图书馆藏有四轴刘世珩原藏砖拓【图21】，内有砖拓二十七面（原二十九面），系吕佶孙（次闲，生卒年不详）赠李一山（芋香，生卒年不详）之物，光绪乙未（1895）刘世珩购于石头城。此拓中题跋累累，涉及吴廷康、苏惇元（生卒年不详）、徐达源（1767—1846）、陈纲（生卒年不详）、奚疑（1771—1854）、张金笺（生卒年不详）、周梦台（1779—1839）、翁大年（1760—1842）、冯锡光（生卒年不详）、僧六舟、杨澥（1781—1840）、吕佶孙、杨铎（生卒年不详）、高均儒（生卒年不详）、王叔臻（生卒年不详）、沈学善（生卒年不详）、陈经、韩崇（1783—1860）、何绍基（1799—1873）、钱应溥（1824—1902）、梅叟（生卒年不详）、孙文川（生卒年不详）、陈廷旸（生卒年不详）、许时中（生卒年不详）、陈志（生卒年不详）、刘德三（生卒年不详）、刘世珩、诸德彝（1871—1942）二十八人，计五十八条，这对于考订道

---

[1]　仲威《刘世珩藏〈砖拓萃聚〉》，《中国书法》2015 年第 1 期，总 261 期。

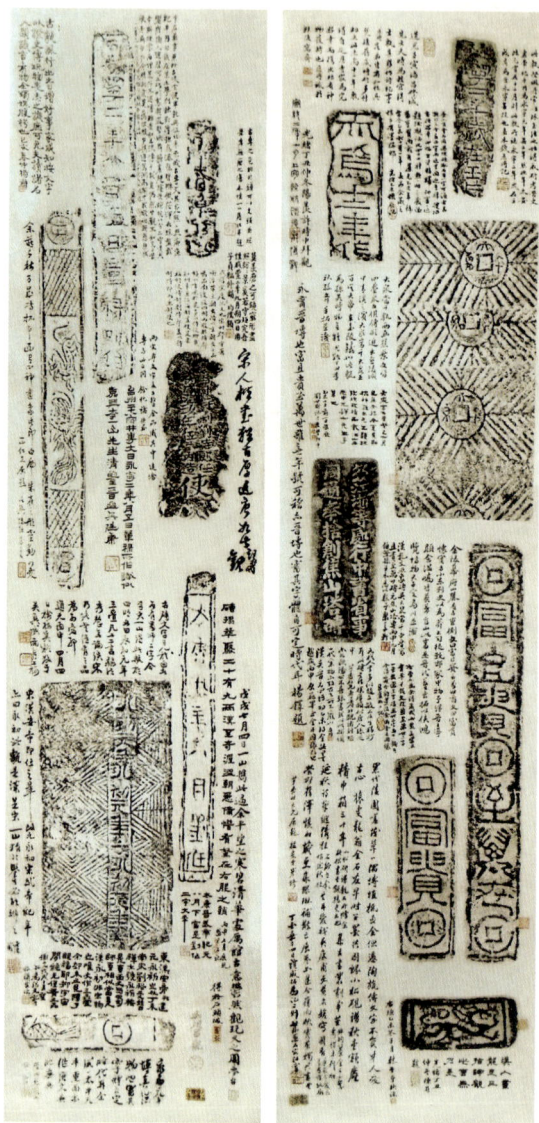

图21：砖拓四轴选二，刘世珩原藏。上海图书馆藏

光至光绪年间江、浙地区的古砖收藏颇为有益。题跋的二十八人中，可知江苏籍七人、浙江籍九人，其中湖州籍有陈纲、陈经、奚疑、张金笈四人；吴江籍有周梦台、翁大年、杨澥三人；另外安徽籍的吴廷康、苏惇元、刘世珩三人，则均官于江、浙地区。由此也可以看出古砖收藏在江、浙地区的兴盛。吕佶孙，即《百砖考》的作者吕佺孙的兄弟。题跋中吕佶孙详述此砖拓四轴至李一山箧中之经过：

> 近来古砖出土浙东西为最富。道光壬辰（1832）、癸巳（1833）间，随任四明搜罗所得殆不下数百种，时子宣兄在幕，手拓成幅，携归吴江，以赠李一山先生。今忽忽数年矣，子宣扁舟过访，挑灯话旧，出此见示。古人云"向之所欣，俯仰之间，已为陈迹"，因不禁今昔之感云。庚子（1840）上元前三日，次闲吕佶孙识于南陵半园之分绿山房。[1]

而这恰好与《百砖考》吕佺孙自序可以互证，略知其父子、兄弟嗜于古砖之癖好：

> 佺孙随侍家君来守明州，于兹四年矣。癸巳（1833）之夏，偶于颓垣中搜得一砖，乃始稍稍留心求之，自是以后，所得浸广，而求之亦日益力。明州墙垣，半以败砖为之，既已坍卸，则取其旧所颓废者增益成之，故更历久远，而古砖尚有存

---

〔1〕 仲威《刘世珩藏〈砖拓萃聚〉》。

者，至其完好无缺，则得于鹿山、鄮山者为多。因取前后所得，汇为百种，拓成为此卷，以便披览。浙中如武林、吴兴砖之出土最早，已见《寰宇访碑录》及《两浙金石志》诸书，而明州则至今发之。佽孙文质浅陋，性之所嗜，积习未忘，谬以搜采之勤，获此荟萃之美，倘亦所谓一时金石之缘欤。分注各条，仓促为之，未及详核，其中尚多挂漏舛错，以俟博雅正之。道光十四年（1834）在阏逢敦牂余月朔日，吕佽孙识。[1]

宁波，古又称明州，明代为避国讳，取"海定则波宁"之义，改为宁波。道光年间，吕佶孙、吕佽孙兄弟随侍时任宁波太守的父亲吕子班，到达宁波。道光十三年（1833）夏，吕佽孙对古砖发生了极大的兴趣，开始大量收藏宁波古砖，在至道光十四年（1834）的近一年时间内，他搜罗了宁波地区所出土的汉、晋至明各类古砖近八十余品，遂成《百砖考》一书。得砖的地点除了《自序》中所提到的明州地区的鹿山、鄮山之外，还有宁波郡廨、训道署、别驾署、小溪、开明桥、和义门、天宁寺、天封寺以及台州等地。因此，吕佶孙赠李一山的砖拓，大概即是《百砖考》中之物。

关于这四轴砖拓自李一山之后，被刘世珩收之囊中的经过，在他的题跋中说得很清楚：

今夏由宣南返里，间游书肆，搜得古砖拓本四幅，出资购归，细审一过，题跋观志，凡四十七种，极一时之盛，诚当宝

---

[1] 吕佽孙《百砖考》自序，光绪戊寅七月潀喜斋刊本，嘉定明止堂藏本。

贵。内载有道光乙未（1835）年号，合今乙未，六十一年矣，为余藏之，信乎有墨缘耶。光绪乙未（1895），聚廞。[1]

四轴中，也颇可以看出刘世珩有砖癖：

> "大泉当千"砖，癸巳（1893）六月已为余得，今夏见斯拓并澂之（孙文川）先生题跋，考核故精，而载《江宁志》中尤详，亦先生手笔也。乙未七夕前一日，聚廞刘世珩记于聚学轩中。
>
> 汉龙纹画像砖、吴"大泉当十"、晋"富且贵至万世"砖、元焦山塔砖，丙申（1896）九月，伯澄孙子禾悉以归予聚学轩。
>
> 右砖亦为余得，藏成两截矣。"富且贵至"下半钱文断，"至万世"三字一砖无"至"字，仅"万世"两字与下一钱耳。今得窥全豹，是结余为金石因缘。櫊庵珩又记。
>
> 汉、吴、晋、元四砖，初乙未得全拓墨，越岁丙申原器毕至，金石因缘也。[2]

于此可见，砖拓之外刘世珩也收罗古砖，这与他的"金石癖"相吻合。

刘世珩与吴昌硕关系颇密，吴昌硕为其所刻印章多达三十余枚。据印款可知吴昌硕为其刻印的时间在五十四五岁前后，时刘

---

[1]　仲威《刘世珩藏〈砖拓萃聚〉》。
[2]　同上。

世珩正在江苏任上。主要有："世珩十年精力所聚"、"开元乡南山村刘葱石鉴赏记"、"世珩藏石"、"世珩金石"、"世珩私印"、"世珩审定"、"世珩珍秘"、"聚学书藏"、"贵池学人"、"聚学轩主"、"葱石读书记"、"刘世珩经眼"、"贵池文献世家"、"臣刘世珩章"、"聚卿金石寿"、"开元乡南山村刘葱石鉴赏记"、"臣珩为刘氏"、"曾经贵池南山村刘氏聚学轩所藏"、"贵池刘世珩所藏金石"、"贵池刘世珩江宁傅春姗宜春堂鉴赏"、"双忽雷阁内史书记童嬡柳嬸掌书记印信"等藏书和鉴藏印。

高时敷（1886—1976）

高时敷，字绎求，号络园，浙江杭州人。他是西泠印社的早期社员之一，少吴昌硕四十余岁，为晚辈，因此高时敷的藏砖兴趣很有可能就是受到了吴昌硕、吴隐等西泠印社前辈的影响。他的斋号为"百二古砖之室"，可见其古砖收藏亦是不少，有"百二"之数。幸运的是其藏砖拓本一直静静地躺在杭州市图书馆，2013年才被整理出来，并以"襟江书舍"系列丛书的名义出版发行，为了解高时敷的藏砖提供了原始史料。[1]该拓本，二册，经折装，高四十三厘米，宽二十四点五厘米。册首为其长兄高时丰（1876—1960）铁线篆题签，曰"杭州高氏乐只室所藏古砖之文"，共计拓本二百八十一面，除去一砖二面或三四面之外，与其"百二古砖之室"之数大致吻合。

---

〔1〕 杭州图书馆编《杭州高氏乐只室所藏古砖之文》，"襟江书舍"系列丛书，杭州出版社2013年11月第1版。

第三章

砖之用——吴昌硕与古砖相关的艺术实践

　　吴昌硕以古砖所进行的相关艺术实践活动，主要体现在以古砖文字入书、入印，遥接"西泠八家"的衣钵以砖拓进行题跋的创作，显示出其扎实的史学、诗学以及书法功底。藏砖之余，他还热衷于砖砚制作，并创作铭文镌刻于其上。同时，他还利用古砖、砖砚的拓本，进行博古画创作。但在早年、中年之际，更多的是与他人一起合作，体现了世人对其金石爱好者身份的认同。吴昌硕素以诗人自许，在他的《缶庐诗》《缶庐集》中，有一些专门吟咏古砖或古砖拓本的诗歌，可以看出他深受乾、嘉以来咏物诗的影响。

第一节　取法古砖文字的书法、篆刻实践

　　吴昌硕对古砖文字的师法，主要体现在以古砖文字入印、入书。这是一条沿袭乾、嘉以来，书法、篆刻家的师古之路。

　　砖文入印，尤以"西泠八家"尝试最多。他们不但直接临摹古砖文字入印，而且将古砖文斑驳残缺的古意，也吸收到印面中，增加了印章的斑驳美，显得古意盎然。至于书法上直接取法砖文者，晚清之际也不乏其人。如潘兰陁"伍甓斋"所藏"岁吉月祥福祚永昌，延年益寿万载无疆"砖文，吴廷康喜爱至极，生平所临仿极多，现在可见的就有多件【图22·1、图22·2】。另外，僧达受【图23】、许梿【图24】亦有摹砖文的书法对联存世。这些都说明自乾、嘉以来，书法篆刻家取法的范围不断拓宽，逐渐将砖文等同于汉碑、汉印文字，成为师法的对象。即如吴昌硕在《天纪砖砚》铭文中所云的"天纪篆文蟠云雷，阿仓获此如获碑"[1]。

　　吴昌硕自然也不例外，沿着西泠诸子的足迹，不断地从砖文中汲取营养，丰富自己的艺术创造。于此，吴昌硕在诗文中也屡屡提及之：如"缶庐道亦在，残甓抱左右"[2]；"瓦甓幸饶秦汉意，乾坤道在一盘桓"[3]；"始皇焚书书浩劫，道在瓦甓未易

---

[1]《天纪砖砚铭》，《缶庐诗·缶庐别存》，光绪十九年刻本。

[2]《长生未央砖拓本为长尾》，《缶庐集》，卷二。

[3]《书〈削觚庐印存〉》，《缶庐集》，卷二。

图 22·1：汉 "岁吉月祥福祚永昌，延年益寿万载无疆"
砖拓本。砖出湖州埭溪。苏靖先生惠赠

图 22·2：吴廷康摹"岁吉月祥福祚永昌，延年益寿万载无疆"砖文。采自靖斋博客

图 23：僧六舟摹砖文"一室半窗"联。采自汤剑炜《金石入画：清代道咸时期金石书画研究》，第 250 页

图 24：许梿摹汉甓文"蛛丝虫粉"联。采自汤剑炜
《金石入画：清代道咸时期金石书画研究》，第 267 页

磨"[1];"赤乌认八分，波磔谢古茂"[2]等，这些都说明了吴昌硕对古砖文字的重视，并将它与秦汉碑版置于同等地位，是秦始皇焚书坑儒未尽的遗绪。吴大澂《题吴昌硕印存》也有"鼎彝古籀妙错综，陶钵奇文精研核。参以六朝残甓书，忽似两京穿碑额"[3]之云，将吴昌硕的篆刻取法钟鼎文、陶玺印、古砖字、汉碑额表述得一清二楚。目前可知的吴昌硕师法古砖文字的篆刻和书法作品，据笔者所知有以下几种：如其先后刻过的二枚"既寿"印[4]【图25·1、图25·2】，其中一枚款云："仿汉砖文，俊卿"；一枚款云"吴俊拟汉砖文，时乙亥（1875）中秋节"，是年吴昌硕三十二岁。二印均与陆心源《千甓亭古砖图释》卷二十九中的"既寿考宜孙子"【图25·3】砖文如出一辙。又"不雄成"[5]【图26】款云："光绪乙酉（1885）于吴下获大贵昌砖，橅此，苦铁。古之真人，不逆寡，不雄成。乙酉十月，仓硕。""仓石"[6]【图27】款云"盐城得'仓'字砖，兹仿之。缶道人刻于袁公路浦，时庚子（1900）春王正月"。又"八百石洞天仙客"[7]【图28】，"拟汉砖文，聋"。又"千石公侯寿贵"[8]，吴昌硕先后刻过三枚【图29·1、图29·2、图29·3】，其中一枚款云"仿钱耐青（钱

〔1〕《遯盦古陶存》，《缶庐集》卷三，民国九年刻本。《近代中国史料丛刊》第8辑，文海出版社影印本。

〔2〕《长生未央砖拓本为长尾》，《缶庐集》卷二。

〔3〕吴大澂《愙斋诗存》，第138页，华东师范大学出版社2009年8月第1版。

〔4〕"既寿"印吴昌硕先后刻过两枚，分别见《中国历代篆刻集萃·吴昌硕》，第46、75页。

〔5〕《吴昌硕全集·篆刻卷二》，第77页。

〔6〕同上书，第158页。

〔7〕同上书，第592页。

〔8〕同上书，第286页。

图 25·1：吴昌硕刻"既寿"。采自《中国历代篆刻集萃·吴昌硕》，第 46 页

图 25·2：吴昌硕刻"既寿"。采自《中国历代篆刻集萃·吴昌硕》，第 75 页

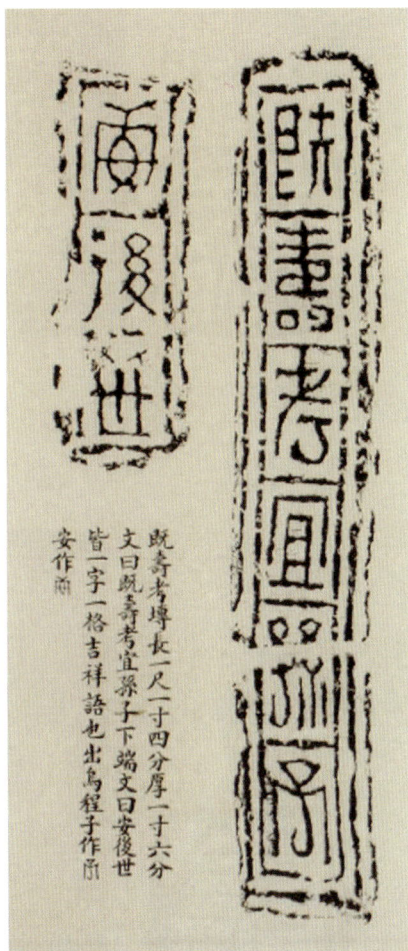

图 25·3：陆心源藏"既寿
考宜孙子"砖拓本。采自
《千甓亭古砖图释》

图 26：吴昌硕刻"不雄成"印。采自《吴昌硕全集·篆刻卷二》，第 77 页

图 27：吴昌硕刻"仓石"印。采自《吴昌硕全集·篆刻卷二》，第 158 页

图 28：吴昌硕刻 "八百石洞天仙客" 印。采自《吴昌硕全集·篆刻卷二》，第 592 页

图 29·1：吴昌硕刻"千石公
侯寿贵"印。采自《吴昌硕
全集·篆刻卷二》，第 286 页

图 29·2：吴昌硕刻"千石公
侯寿贵"印。采自《吴昌硕全
集·篆刻卷二》，第 286 页

图 29·3：吴昌硕刻"千石公侯寿贵"印。采自《吴昌硕全
集·篆刻卷二》，第 286 页

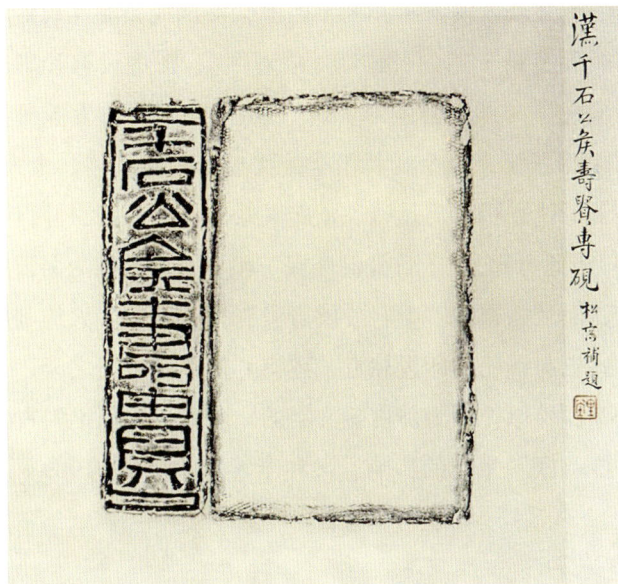

图 30：张廷济藏"千石公侯寿贵"砖。采自《清仪阁所藏古器物文》
第 5 册，日本京都大学图书馆藏

松，1818—1860）"，但实际上却是仿砖文【图30】。据吴云致张之万札云："又'千石公侯寿贵'一方，当年阮文达公八十生辰，门下士张叔未解元年亦七十四岁，持携此砖渡江祝嘏。文达大喜，属邗上精于篆刻者，镌《眉寿图》，图中设有长案，案上置'齐侯罍'与此'公侯寿贵砖'，师弟相对，白发飘萧，诗文咏歌，连篇累牍，至今观其墨本，犹想见高年豪兴，令人艳羡。云（吴云）倩香圃（吴昌硕）依砖文篆法仿制二印，并以一方奉鉴。"〔1〕于此可知，"千石公侯寿贵"印当时吴昌硕为吴云所刻就有两枚，而且是根据"千石公侯寿贵"拓本所成。大约刻成之后吴昌硕感觉与钱松的印风相近，遂有"仿钱耐青"之云，当然也不能排除钱松原作即为仿古砖文字的。由此，也可推知古砖文字对"西泠八家"篆刻的影响。又和李紫璈（1846—1909）六诗之一云：

《凿印》

〔为西蠡（费念慈，1855—1905）刻校勒书籍小印，用古砖文字，奇肆可喜〕

金石刻画吾所长，访碑策蹇还飞樯。

卅年湖海恣探讨，残砖断甓罗归装。

凿印之乐乐何极，玉泉渴饮枣饥食，

仙之人兮致谁测。〔2〕

---

〔1〕 吴云《两罍轩尺牍》，卷七，《致张子青大司马之万》，第3札，《近代中国史料丛刊》第27辑，文海出版社。

〔2〕 朱关田《吴昌硕年谱长编》，第143页。

图 31：吴昌硕摹古砖文"金石同寿"横批。采自戴家妙《吴昌硕》，第 12 页，
《书艺珍品赏析》第 10 辑，湖南美术出版社 2009 年 3 月第 1 版

图 32：吴昌硕篆书"秦半两泉，汉大吉砖"联。采自
《艺灿扶桑：日本藏吴昌硕作品精粹》，第 111 页，上海
书店出版社 2009 年 6 月第 1 版

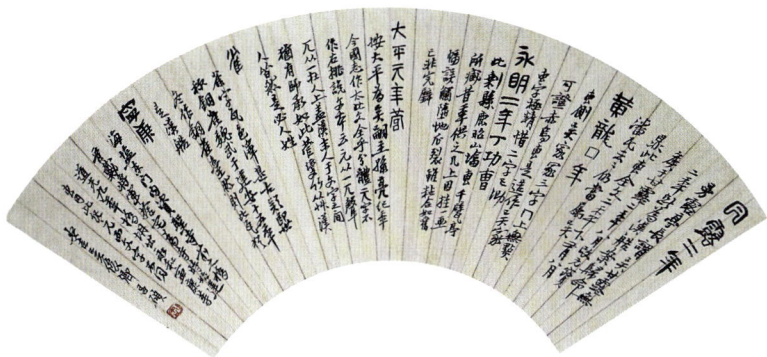

图 33：吴昌硕摹汉砖文字六种。采自《艺灿扶桑：日本藏吴昌硕作品精粹》，上海书店出版社 2009 年 6 月第 1 版

亦是以古砖文字入印的明证。其实，除了直接以砖文入印之外，古砖对吴昌硕篆刻的影响更为重要的一点是对其残缺美的汲取。多数研究者都认为吴昌硕篆刻中的残缺美来源于封泥，其实他一生所收藏、把玩的封泥实物是非常有限的，主要是通过吴云、吴大澂、潘祖荫等藏家而得以寓目一些实物，还有就是间接通过吴云、吴大澂看到陈介祺的大量封泥拓片。因此，封泥对其篆刻影响固然重要，但古砖文字和汉印的接近，加之出土以后多有残缺之美，在收藏、制拓、把玩的过程中，潜移默化地影响到吴昌硕篆刻审美的形成，实在是非常关键的因素。

篆刻之外，吴昌硕书法上也取法砖文，如"金石同寿"[1]横批，款云："癸亥岁（1923）十二月，橅古砖文。安吉吴昌硕，时

_____

[1] 戴家妙《吴昌硕》，第 12 页，《书艺珍品赏析》第 10 辑，湖南美术出版社 2009 年 3 月第 1 版。

年八十"【图31】,可见其于艺术吐故纳新,老而不衰。光绪十三
年(1887)四月,吴昌硕尝为恕甫书"秦半两泉,汉大吉砖"[1]
联,款云:"维夏试建安砖砚,昌石吴俊记于缶庐"【图32】,其中
颇有意思的是:部分联语取自汉砖,书写时所用的砚台又是汉砖
砚,与古砖的情愫由此可见。吴昌硕还有一帧摹古砖文字的扇面
存世,该扇面临摹了"甘露二年"(266)、"黄龙□年"、"永明二
年(484)丁功曹"、"太平元年(556)营"、"雀"、"宁康"六种
砖文,可见吴昌硕取法的对象甚广【图33】。

第二节　砖拓题跋

　　自宋欧阳修《集古录》以来,效仿者甚多。而金石题跋,需
要的是学术和艺术的双重修养。明末清初以来,也有一些经史大
家只跋不题,其中不乏书法欠佳的缘故。吴昌硕诸艺皆精,又富
于学养,尤其是在从吴云、杨岘、吴大澂游历过程中,积累了丰
富的金石题跋经验,同时也创作了一批精品佳作。如光绪乙酉
(1885),与杨岘同题"黄龙二年"(230)、"赤乌七年"、"甘露二
年"、"凤皇元年"砖砚拓本四条屏[2];光绪戊子(1888)五月,
其为徐士恺题"泰始""甘露""太安"砖拓【图34】。[3]现经吴
昌硕收藏或题跋过的砖拓,大多装裱成卷、轴,散见于各大拍卖

---

〔1〕《艺灿扶桑:日本藏吴昌硕作品精粹》,第111页,上海书店出版社2009年6月第1版。
〔2〕朱关田《吴昌硕年谱长编》,第55—56页。
〔3〕朱关田《吴昌硕年谱长编》,第81页。图见《艺灿扶桑:日本藏吴昌硕作品精粹》,
　　第112页。

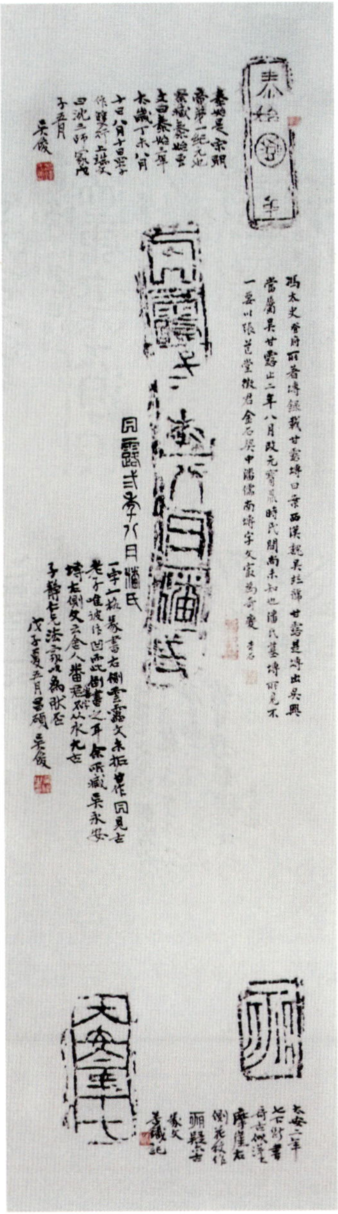

图 34：吴昌硕为徐士恺题砖拓。采自《艺灿扶桑：日本藏吴昌硕作品精粹》，第 112 页

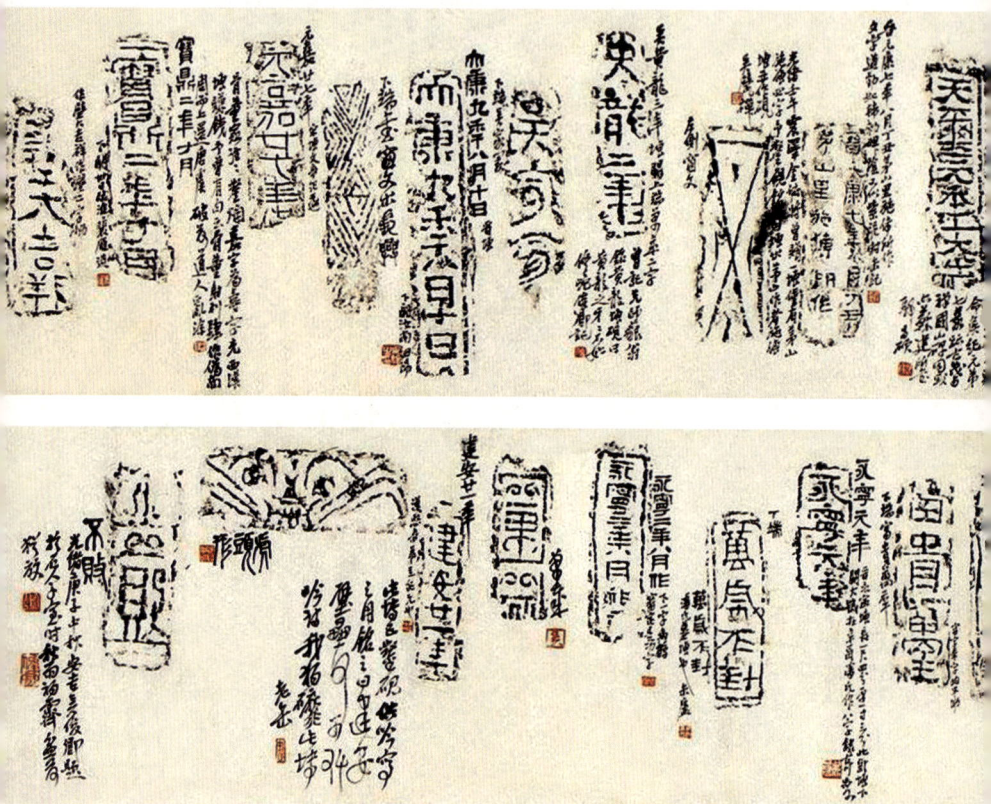

图 35：吴昌硕题"天玺元年大岁在丙申荀氏造残砖"等十六枚砖拓。采自西泠印社
2011 年春拍，中国书画近现代名家作品专场（二），拍卖号 474

公司拍卖图录，其中不乏杰构。如“天玺元年大岁在丙申荀氏造残砖”等十六枚砖拓【图 35】，吴昌硕题云：

天玺元年（276）大岁在丙申荀氏造残砖：“天玺元年大岁”。下阙“在丙申荀氏造”六字。“天玺”为吴归命侯纪元第七，篆迹古茂与《禅国山碑》同，或亦苏建所书耶。昌硕。

晋元康七年（297）八月丁丑茅山里施传所作砖：“晋元康七年八月丁丑茅山里施传所作”，文字遒劲如《韩勑碑》阴，又似紫泥封。缶记。

茅山施传砖：光绪壬午（1882），震泽金俯将曾赠一砖，仅有“茅山施传”四字。予凿砚铭曰：“砖出茅山。作者施传。砖再作砚。吴甓禅。”左侧窗文。

黄龙三年（231）残砖：吴“黄龙三年”，砖阙上端“万岁”二字。曾记先师藐翁铭“黄龙”砖砚曰：“黄龙之牙，牙不如修蛇。”俊卿记。下端“吴家冢”。

太康九年（288）八月十日汝南细阳残砖：“大康九年八月十日”，晋砖。下阙“汝南细阳”。下端书窗文，出长兴。

元嘉廿七年（450）砖：“元嘉廿七年”，宋砖，文帝纪元也。骨董家往往凿烂“嘉”字为“寿”字，充西汉砖赚钱。予曾有句云：“骨董射利肆作伪，商周而上还唐虞。”破荷道人乱涂。

宝鼎二年（267）七月残砖：“宝鼎二年七月”，下阙“卅日临淮裴雁造”。

作壁大吉祥砖：“作壁大吉祥”，“作壁”二字泐。

五凤三年（256）十月残砖："五凤三年十月"，下阙"八日造大岁在丙子"，"五"字似五铢泉文。老缶。

富贵万年砖："富"字、"年"字均半泐，下端"富贵万年"。

永宁元年（301）大岁在辛酉潘氏作残砖："永宁元年"，晋"永宁"砖。长一尺四分，厚一寸三分。此断砖下阙"大岁在辛酉潘氏作"八字，隶古可爱，下端"万岁不封"。潘氏墓砖也。缶庐。

永宁二年（302）八月作功砖："永宁二年八月作"，下一字，病鹤审定是"功"字。

万岁残砖："万岁"。

建安廿一年（216）砖："建安廿一年"，汉愍帝第四纪元也。此砖已凿砚供吟写之用，铭之曰："建安壁垒何可攀，吟诗我独磨此砖。"老缶。

虎头形砖："虎头形"。

不败砖："不败"。

光绪庚子（1900）中秋，安吉吴俊卿题于石人子室，时秋雨初霁，盆荷犹放。[1]

此卷收砖拓十六枚，多数为残砖，与前面杨岘致陆心源札中所言相吻合。按其跋中所云，"茅山施传"砖为金杰所赠；"吴黄龙三年""建安廿一年"两枚砖均制成砖砚。该拓本是吴昌硕

---

[1]　西泠印社拍卖有限公司，2011 年春拍，中国书画近现代名家作品专场（二），拍卖号 474。

五十七岁时所作，前一年吴昌硕刚从安东令任上下来，正是绝意于仕途，醉心于自己欢喜并借以谋生的书画、篆刻艺术之时，所以颇有余兴，题跋、吟哦而乐此不疲。这件作品就是在这样的心境、环境之下的产物。跋中还为后人揭示出当时骨董家常用的凿字作伪的手段，即"凿烂'嘉'字为'寿'字"。晚清时期，以古砖年代先后定其价值。西汉石刻存世极少，故尤为珍贵，厚利之下，作伪者自然也应运而生。如《千甓亭古砖图释》卷一"延晃（光）元年（122）封穴闰月十八日□□太岁在壬戌砖"，也就是前面杨岘致陆心源信札中提到的这枚"延晃"砖，即为改琢之伪品。案建光二年（122）三月改元延光，而是年闰二月，有悖于史，此是其一；文字漶漫，字形殊怪，雕琢痕迹极重，此是其二；砖与本卷另两枚"延光"砖文字不类，此是其三，故断为伪品。罗振玉也曾说过，伪制古砖的高手，大多为杭州周边如绍兴等地。[1] 又辛德勇先生从历史学的角度对一方很有名的"天凤三年（16）二月郫郡都尉钱郡"砖[2]进行考证，从而证实这枚砖破绽百出，其真伪自然不言而喻。跋中所提到的"病鹤"，即凌霞，嗜金石，吴昌硕《石交集》有传，可见他也是吴昌硕的砖友之一。

又，"建兴三年太岁在乙亥孙氏造"等两枚砖拓【图36】，吴昌硕跋云：

---

〔1〕辛德勇《所谓"天凤三年郫郡都尉"砖铭文与"秦故郫"的名称以及莽汉之际的年号问题（上、下）》，《文史》，2011 年第一、二辑。
〔2〕是砖最早见《砖门名家》。原砖现藏上海童衍方处，亦可参见童衍方《宝甓斋集砖铭》，第 2 页，上海书店出版社 2003 年 7 月第 1 版。

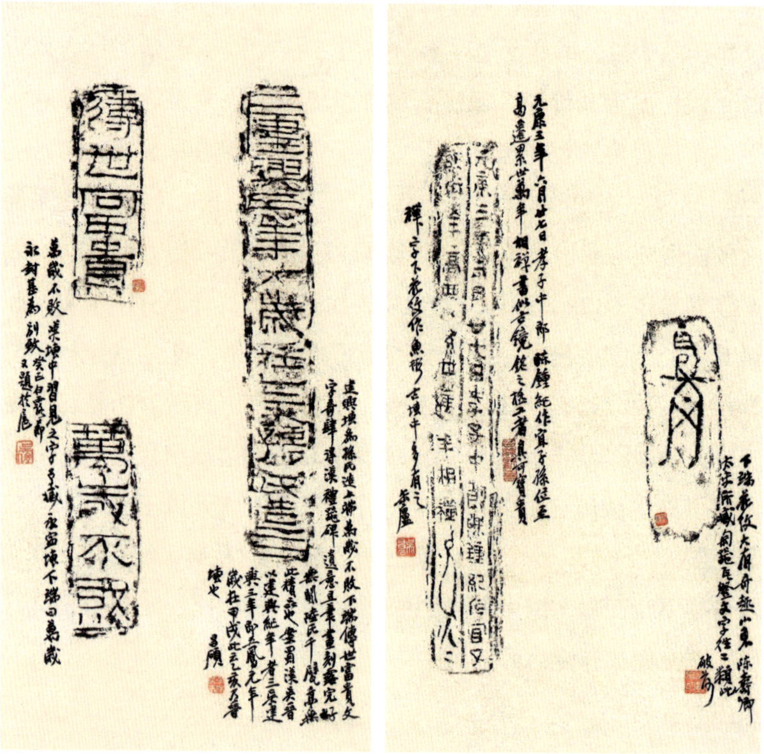

图 36：吴昌硕题"建兴三年太岁在乙亥孙氏造"等两枚砖拓。采自西泠印社拍卖有限公司，2010 年秋季艺术品拍卖会，中国书画近现代名家作品专场（二），拍卖号 1326

建兴三年（254）太岁在乙亥孙氏造砖："建兴"砖为孙氏造。上端"万岁不败"。下端"传世富贵"。文字奇肆，得汉礼器碑遗意，且笔画刻露完好无阙，陆氏千甓亭无此精品也。案蜀汉、吴、晋以建兴纪年者三，吴"建兴三年"即"五凤元年"，岁在甲戌，此云乙亥，乃晋砖也。昌硕。万岁不败，汉砖中习见之字。予藏"永宁"砖，下端曰"万岁永封"，甚为别致。癸巳（1893）白露节，又题于扈（沪）。

元康三年六月廿七日，孝子中郎陈锺纪作宜子孙，位至高迁，累世万年相禅砖："元康三年六月廿七日，孝子中郎陈钟纪作宜子孙，位至高迁，累世万年相禅"，书似古镜铭之极工者，真可宝贵。禅字下花纹作鱼形，古砖中多有之。缶庐。

下端花纹大有奇趣，山东陈寿卿太史所藏匋器瓦登文字往往类此。破荷。[1]

此帧收砖拓两枚，前引施浴升《古甓记》有录。题跋之年在光绪癸巳（1893）白露节，是年吴昌硕五十岁，正着手选编壬辰（1892）以前的诗作，成《缶庐诗》四卷、《缶庐别存》三卷。此时的吴昌硕为衣食计，常奔波于苏、沪之间，有时寒冬腊月也在船上度过。在如此窘困的情况下，他仍醉心于金石不能自已，足见已癖入膏肓。按历史上以"建兴"纪年者有三：蜀汉、吴、晋。砖出吴中，自然与蜀汉无涉；吴建兴三年即五凤元年，岁在甲戌，此云乙亥，

---

〔1〕西泠印社拍卖有限公司，2010 年秋季艺术品拍卖会，中国书画近现代名家作品专场（二），拍卖号 1326。

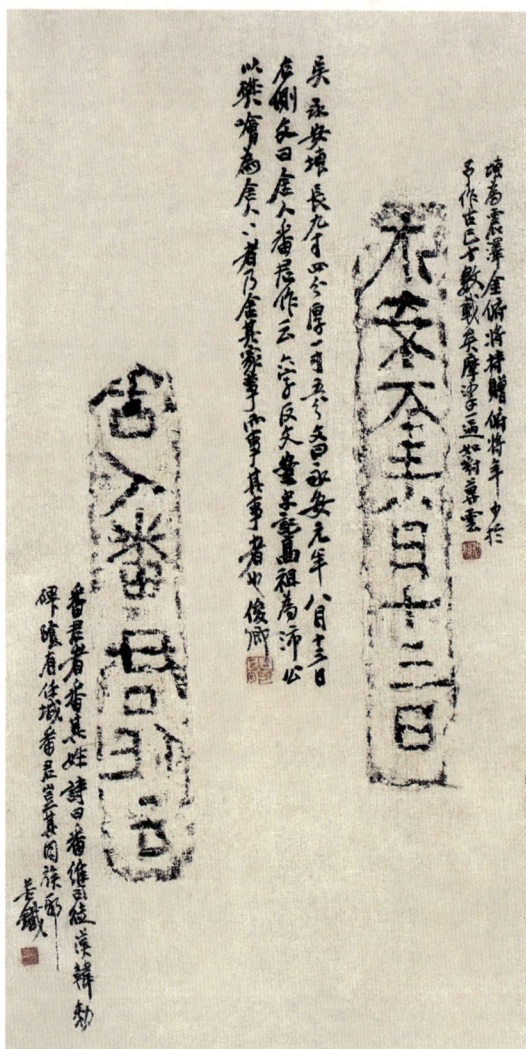

图 37：吴昌硕题"永安元年八月十三日"砖拓。采自西泠印社拍卖有限公司，2009 五周年庆典拍卖会，名家手迹·碑帖法书专场，拍卖号 459

故为晋砖无疑。吴昌硕跋云"文字奇肆，得汉礼器碑遗意，且笔画刻露完好无阙，陆氏千甓亭无此精品也"，可见他藏砖时以陆心源为参照。关于此砖他还有一段题跋，颇见情趣："予藏古砖十余方，惟建兴砖为最精，饰以文几，置之坐右，殊为不俗。"[1]元康三年砖，吴昌硕多次拓跋，足见为铭心绝品，故珍重如是，吴昌硕还以此砖名斋号曰"禅甓轩"，并于甲申年（1884）刻印纪念。因此题跋之时距得砖之时，已历九年，而此砖犹珍如拱璧，随其四处漂泊。此砖亦见陆心源《千甓亭古砖图释》卷六。[2]按跋云，吴昌硕对陈介祺的斋中藏品也是相当熟悉，这应当源于吴云、吴大澂的间接关系。

又，"永安元年八月十三日"砖拓【图37】，吴昌硕跋云：

> 砖为震泽金俯将持赠。俯将年少于予，作古已十数载矣。摩挲一过，如对暮云。吴"永安"砖长九寸四分，厚一寸五分，文曰"永安元年（304）八月十三日"。右侧文曰"舍人番君作云"，六字反文。案《史记》，高祖为沛公，以樊哙为舍人。舍人者，乃舍其家事而事其事者也。俊卿。番君者，番其姓。《诗》曰："番维司徒"。汉《韩勑碑》阴有任城番君，岂其同族邪？苦铁。[3]

---

[1] 朱关田《吴昌硕年谱长编》，第146页。

[2] 参见《千甓亭古砖图释》卷六。同时所出者有数枚，按此砖另有文曰"宣城广德施家作"，可见此砖出自宣城郡。宣城郡东汉时置，不久废，晋太康元年（280）复置。故陆著所言产自长兴，实非，时长兴属吴兴郡。陆氏藏砖均辗转来自砖估，掩饰其实，也是估人常用的伎俩。

[3] 吴昌硕行书题砖文拓片，西泠印社2009五周年庆典拍卖会，名家手迹·碑帖法书专场，拍卖号459。

此帧收录砖拓一枚，亦《古甓记》所云砖之一。吴昌硕和金杰互为莫逆，金俯将除了赠送他古缶之外，其后还陆陆续续赠予一些古砖和砖拓，这便是其中之一。题跋时金杰已经亡故十余年了，所以吴昌硕说："俯将年少于予，作古已十数载矣，摩挲一过，如对暮云"，伤感之情溢于言表。按"永安"历史上有三：一是三国吴永安，景帝孙休年号，共计七年。永安七年六月，孙休死，孙皓即位，改元元兴元年；二是晋永安（304），晋惠帝司马衷第七个年号，永安元年七月改元建武元年，同年十一月复称永安，次月又改元为永兴元年，为时仅八个月；三是北魏永安元年（528）。此砖出江南自然与北魏无涉；砖作"八月十三日，舍人番君作"，可见与东吴也毫无关系，以东吴永安元年起始于十月之故也；因此，此砖当是晋砖。是年七月虽然已改元"建武"，但民间尚未习惯或消息还未传至，所以仍作"永安元年八月"云云。"番"通"潘"，此点知识，吴昌硕来自杨岘，童衍方所藏《吴昌硕集彝器款识》中藐翁之批注，即是明证。[1]

又，"凤皇三年施氏所作甓"砖拓【图38】，吴昌硕跋云：

　　吴"凤皇"砖，长九寸，厚一寸三分。文曰"凤皇三年（274）施氏所作甓"，二字一格。上端"富贵"二字，一字一格。施氏墓砖也。"甓"作"璧"，假字也。《尔雅》云："瓴甋谓之甓。"《广雅》云："甓，砖也。"贵作𧶜，亦变体字。秋农（吴穀祥）老友先生属拓，缶庐藏甓。予腰臂作痛未能

---

〔1〕　童衍方《吴昌硕集彝器款识》，第11页，上海书店出版社2003年11月第1版。

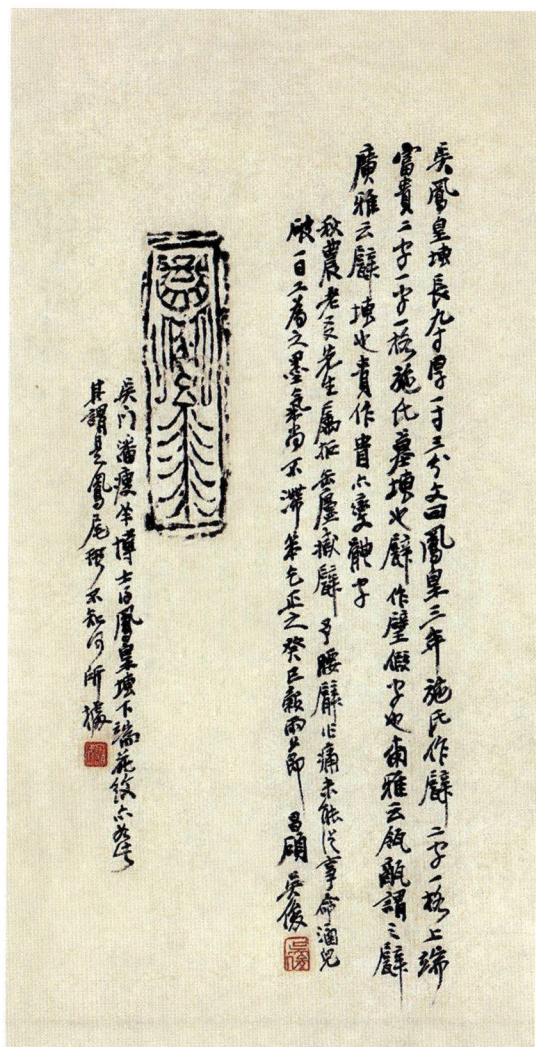

图 38：吴昌硕题"凤皇三年施氏所作甓"砖拓。采自西泠印社拍卖有限公司，近现代名人手迹专场，2010 年秋季艺术品拍卖会，拍卖号 101

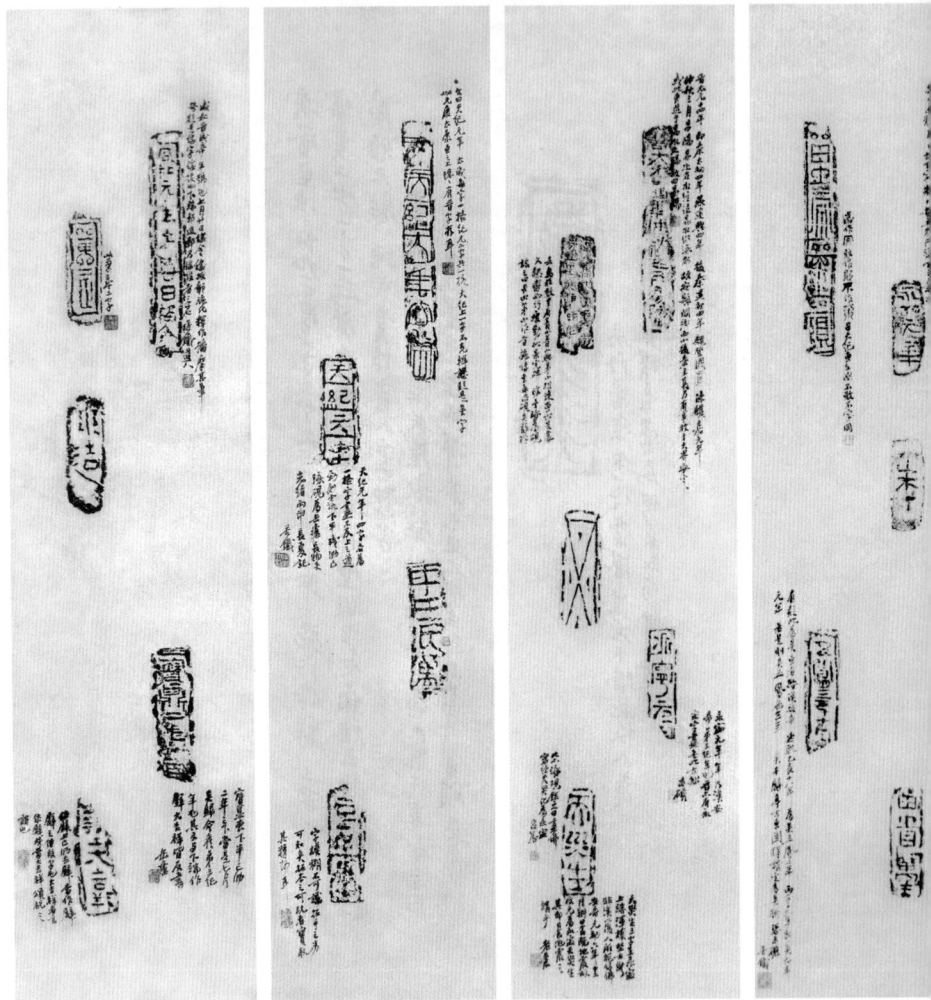

图 39:《吴昌硕砖铭题记八轴》，上海图书馆藏。采自《书法丛刊》
2014 年第 5 期，总第 141 期

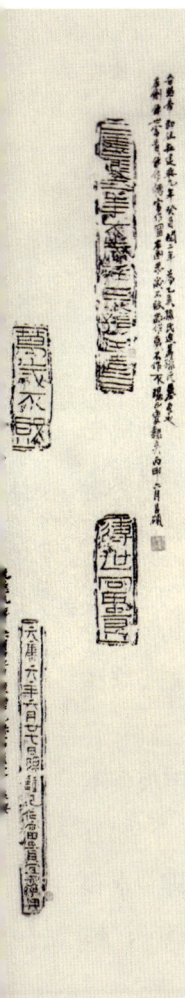
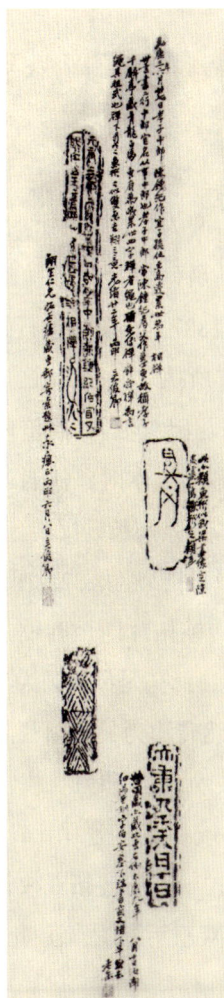

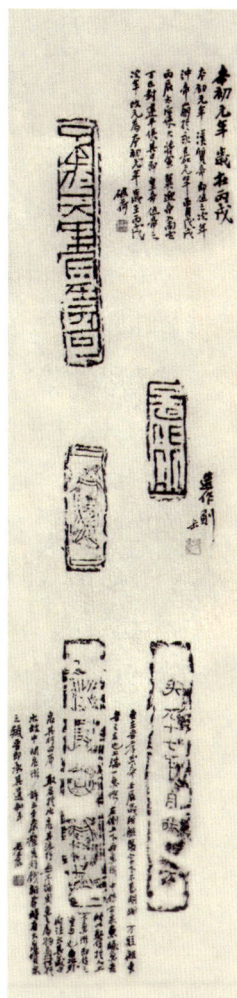

从事，命涵儿破一日工为之，墨气尚不滞笨，乞正之。癸巳（1893）谷雨节，昌硕吴俊。

吴门潘瘦羊博士得"凤皇"砖，下端花纹亦如此，其谓是凤尾形，不知何所据。[1]

吴榖祥与吴昌硕关系颇为密切，两人一同参与的书画社团主要有飞丹阁书画会、怡园画社等。吴昌硕曾为吴榖祥刻过"吴榖详印"[2]，款云："秋农社长。丁亥（1887）长夏，仓石吴俊仿汉。"这里所谓的"秋农社长"，不知吴榖祥所执掌的是何社?

又，上海图书馆藏《吴昌硕砖铭题记八轴》。据整理者仲威先生撰文说："近日在上海图书馆整理碑帖拓本时，偶遇《吴昌硕砖铭题记八轴》【图 39】，其外签题曰：'吴昌硕长题汉砖。姚汉。'下钤'仙查'印章。卷轴装，共八件，每件帖芯宽 32.5 厘米、高 133 厘米，馆藏号：15905-5912，每卷存砖铭拓片四至五枚，其旁侧均有吴昌硕行书题记。"[3]上按文中所述，此拓是吴昌硕为潘镛（字祥生，生卒年不详）所跋，拓手不详，然砖均为吴昌硕藏品。轴一有砖拓四枚，即"天纪元年大岁""天纪元年"和另二枚"字模糊不可识"之拓；轴二有砖拓五枚，即"咸和元年七月廿日徭令""万岁""邦造""宝鼎二年七月""作壁"；轴三有砖拓五枚，即"永和元年（136）""万岁不败""朱""五凤三年""（富）贵万年"；轴

〔1〕 吴昌硕吴凤皇砖拓片，西泠印社拍卖有限公司，近现代名人手迹专场，2010 年秋季艺术品拍卖会，拍卖号 101。
〔2〕《中国历代篆刻集萃》，第 56 页，浙江古籍出版社 2007 年 6 月第 1 版。
〔3〕《吴昌硕砖铭八轴》，《书法丛刊》，第 18 页，2014 年第 5 期，总第 141 期。

四有砖拓五枚，即"太元十四年仲秋之月易阳""元康七年八月丁
丑茅山里施传所作砖""永宁元年""天灾生"及花纹砖拓一枚；轴
五有砖拓四枚，即"元康三年六月廿七日，孝子中郎陈钟纪作宜
子孙，位至高迁，累世万年相禅""太康九年八月十日"及花纹砖
拓二枚；轴六有砖拓四枚，即"建兴三年太岁在乙亥孙氏造""万
岁不败""传世富贵""元康元年六月廿七日陈钟纪作富贵宜子孙
兴"；轴七有砖拓五枚，即"本初元年岁在丙戌""造作""太元十七
年（392）八月张□万"及鱼纹砖拓二枚；轴八有砖拓四枚，即"永
康元（300）""永康元年""五凤元年八月十八日造"及窗纹一枚。
按以上这些砖拓，大多可以与吴昌硕的藏砖以及其他砖拓吻合，可
知多为吴昌硕所藏无疑。吴昌硕题跋常与陆心源的千甓亭藏砖相比
较，如轴三"五凤三年"砖跋云：

> 有疑此为吴砖者，按汉后帝延熙乙亥十八年（255）为吴
> 五凤二年（255），丙子十九年（256）即吴太平元年（256），
> 若是则吴五凤无三年矣。《千甓亭古砖图释》定为吴物，恐未
> 确。苦铁。[1]

又轴五"太康九年"砖跋云：

> 潜园亦藏此砖。右侧"太康九年八月十八日汝南阳黄训
> 字伯安墓"，下端书窗文，惜下半断去。老缶。[2]

---

[1]《书法丛刊》，第19页，2014年第5期，总第141期。
[2] 同上书，第20页。

又轴六"元康元年"砖跋云：

> "元康元年六月廿七日陈钟纪作富贵宜子孙兴"砖，出吴
> 兴武康山中，为晋惠帝第三纪元也。陈钟纪，无考。陆氏千
> 甓亭藏"元康元年七月十七日陈狶为父作砖"，然则"钟纪"
> 或为"狶"之名耳。"富贵宜子孙"，吉祥文字而已。[1]

由此可见吴昌硕对陆心源千甓亭藏砖是颇为熟悉的，这也是两人
之间互有交往的实证。

第三节　砖砚和铭

刘熙（生卒年不详）《释名》："砚者，研也，可研墨使之濡
也。"[2]宋代时已普遍使用砚，成为"文房四宝"之一，出现了端、
歙、洮和澄泥"四大名砚"。古代文人对砚十分重视，生前终日相
随，死后随之殉葬。中国古代素有"耕读传家"的家风，文人毕
生从事笔耕生活，因此所耕者即称"砚田"。自吴昌硕远祖吴松
（1459—1552）始，吴氏就一直以"耕读"家风相传承。因此，吴
氏一族人才济济，在本地颇有声誉。[3]吴昌硕深知砚田之艰辛，故
而对于砚尤有深情，一生所作砚铭甚多。[4]龚贤（1618—1689）的

---

[1]《书法丛刊》，第20页。
[2]《康熙字典》，午集下·石字部·砚条下。
[3]　参见《吴氏宗谱》。
[4]　参见沈汝瑾《沈氏砚林》和《缶庐别存》。

一段题画语，颇能道出像吴昌硕这样依赖于书画养家糊口者的艰辛：“忆余十三便能画，垂五十年而力砚田，朝耕暮获，仅足糊口，可谓拙矣。”[1]吴昌硕的很多作品中标明了所用即为古砖砚，如光绪丙戌（1886）年为潘瘦羊绘《墨梅图》，“试建衡砖”[2]；丁亥（1887）年为恕甫书“秦半两泉，汉大吉砖”联，“试建安（196—220）砖砚”[3]；庚寅（1890）年为马瑞熙（？—1922）所作《枯林图》，“磨甘露砚”[4]；民国丁巳（1917）年为日本山本悌二郎（1870—1937）题文徵明（1470—1559）《琴赋》、仇英（1482—1559）《理琴图》，“磨跛道士（潘瘦羊）赠黄武砚成之”[5]，等等。

　　在早年经济条件尚不宽裕的情况下，自己琢一枚砖砚，既可供使用，又可发悠古之思，于吴昌硕而言，不失为两全其美。如《缶庐藏汉魏古甓，数事琢砚，供书画，苦寒水冻，笔胶不能下，儿童戏供水仙于上，天然画稿也，拥炉写图，题小诗补空》诗云：“缶庐长物唯砖砚，古隶分明宜子孙。卖字年来生计拙，商量改作水仙盆。”[6]将诗人兼画家的作者，风雅而富有情趣的寒斋生活，活灵呈现出来。又《瘦羊赠汪郎亭侍郎鸣銮手拓石鼓精本》有“清光日日照临池，汲干古井礴黄武”句，注曰：“时以黄武砖为砚”[7]，便是极好的明证。又《谢沈公周瑾（1858—1917）赠赤乌残砖》：“琢砚用之久长乐，拓本入

---

〔1〕 高居翰《画家生涯：传统中国画家的生活和工作》，第144页，生活·读书·新知三联书店2012年1月第1版。
〔2〕 朱关田《吴昌硕年谱长编》，第52页。
〔3〕 同上书，第71页。
〔4〕 同上书，第98页。
〔5〕 同上书，第458页。
〔6〕《缶庐诗·缶庐别存》，光绪十九年刻本。
〔7〕《缶庐诗》卷二，光绪十九年刻本。

手双乌银。嘉惠平生敢忘却，寄书想见三摩挲。爱我疏狂不我嚎，只
愁荒伧字不识。病入膏肓无可药，冷淡生涯且磨墨。"[1]又《汉砖拓本
为日本友人题》"老眼摩青瞳，恨未能攫取。琢砚佐文房，供我写石
鼓"[2]等，皆是吴昌硕以砖砚佐文房并借以发挥悠古之思的真实写照。
吴昌硕每得一砖，几乎都要既琢又铭。《缶庐别存》自序"得则琢为
砚，且镌铭焉"一语，就是极好的说明。《缶庐别存》卷三收录了其
自作砖砚铭十三条，可以与前面所述相互印证：

　　黄武砖砚："黄武之砖坚而古，卓哉孙郎留片土，供我砚
林列第五。"
　　凤皇砖砚："凤皇砖，辟砚田。凤来仪，有大年。"
　　黄龙砖砚："黄龙，黄龙，尔耳则聋，尔心则聪。"
　　永安砖砚："永安砖砚永用吉，安吉县人吴苦铁。"
　　天纪砖砚："天纪象（篆）文蟠云雷，阿仓获此如获碑，
阿买八分徒尔为"；又："是归命侯之纪年，我弄此砖康降天。"
　　建安砖砚："建安壁垒何可攀，吟诗我独礴此砖。"
　　永宁砖砚〔左侧有天灾生三字〕："画佛写经，天灾化为永宁。"
　　甘露砖砚："甘露垂垂，润苦铁之毛锥。"
　　泰康砖砚："砖作砚兮康且泰，煦我五湖之印匄（丏）。"
　　泰始砖砚："礴泰始砖安平泰，瓦甓之间有道在。"
　　茅山施传作砖砚："砖出茅山，作者施传。砖再作砚，

---

〔1〕《缶庐集》卷一，民国五年刻本。
〔2〕吴东迈《吴昌硕谈艺录》，第133页，人民美术出版社1993年10月第1版。

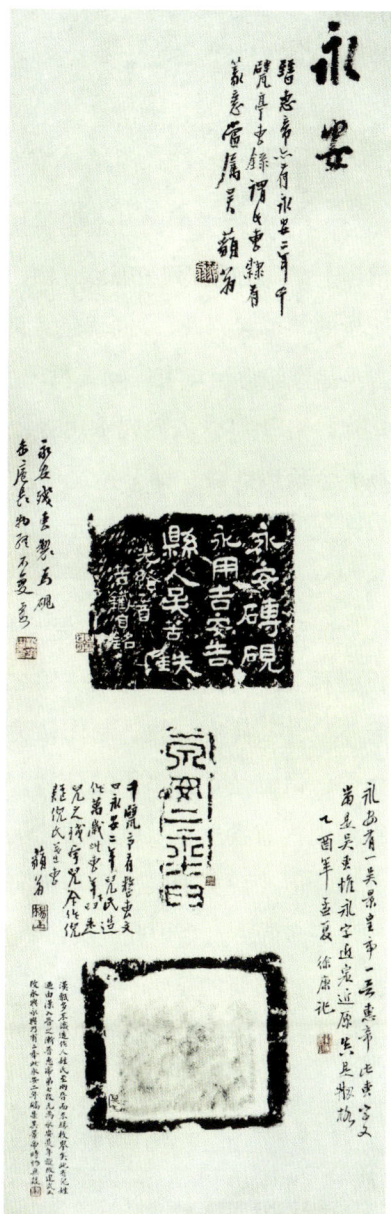

图40：杨岘等题吴昌硕"永安"残
砖砚拓本。安吉吴昌硕纪念馆藏

吴甓禅。"

　　　辰字砖砚："辰属龙，谁为伍。上下相从，我诗虎。"[1]

　　数年前，曾见"吴昌硕自用并刻铭黄武元年砖砚"现身于某拍卖会，铭曰："壬午四月金俯将持赠。黄武之砖坚而古，卓哉孙郎留片土，供我砚林列第五。仓硕。"[2] 如果属真，即《缶庐别存》中所录的"黄武砖砚"，也就是其诗、书画款中常提及的这方砚。安吉吴昌硕纪念馆藏有一帧吴昌硕手琢"永安二年"（259）残砖砚的拓片，铭曰："永安砖砚永用吉，安吉县人吴苦铁"【图40】，另有杨岘、徐康题跋，即上述之"永安砖砚"。"茅山施传作砖砚""建安砖砚"则见于"题天玺元年大岁在丙申荀氏造残砖等十六枚砖拓"卷。

　　沈汝瑾（1858—1917）是吴昌硕砚友兼诗友，互为莫逆。《沈氏砚林》中吴昌硕为沈氏所铭之砚，多达百枚。卷末且有"建宁元年二月"砖砚二枚，制作精美，虽不能与前面的端、歙之砚相媲美，但也是不可多得的佳物，尤其古砖本有的铭文和图案，使得两砚古意盎然，足以引发把玩者的悠古之思。沈汝瑾小吴昌硕九岁，但在诗文上吴昌硕却常向其请益，沈汝瑾甚至替吴昌硕代作了好多诗文。[3] 因此，吴昌硕为其所作砚铭，不乏诗文代笔的报酬，但更重要的是吴昌硕对砚和砚铭的喜爱之情，才是屡屡不倦的创作热情——与砖砚的热情是如出一辙的。

[1]《缶庐别存·铭》，《吴昌硕诗集》，第359—363页。
[2] 北京诚轩拍卖有限公司，2005秋季拍卖会，瓷器工艺品，编号0144。
[3] 详见笔者待刊稿《吴昌硕的诗文代笔研究：兼及南社的关系》。

第四节 以砖拓创作的博古画

"博古"一词，典出于张衡（78—139）《西京赋》："雅好博古"，意即博通古今器物。在宋徽宗赵佶（1082—1135）主持下，李公麟（1049—1106）等曾绘《宣和博古图》二十卷，这是"博古图"一词的最早运用。全形拓兴于道、咸时期，其中马起凤和僧六舟最为著名。徐珂（1869—1928）《清稗类钞·鉴赏类》云："马傅岩（1800—1860年后），道光初年之嘉兴人。吴门椎拓金石之人，向不解全角，傅岩能之。释六舟得其传。"北京泰和嘉成拍卖有限公司2015年书画·古籍常规拍卖会古籍文献专场中的一件马起凤题拓《钟官图》中有"咸丰庚申（1860）上元日，清逸老农马起凤，时年六十有一"之语，据此可以推测马起凤生于嘉庆五年（1800），比六舟小九岁，可见二人的关系是介于师友之间。全形拓风行之后，出现了一种绘画和全形拓相结合的艺术创作手法，后世遂称之为"博古画"。它和全形拓的兴衰相始终。

从清末直到民国，多有擅长者，如吴云、吴大澂、黄士陵（1849—1908）以及后来的孔子瑜（1873—1926），均是其中颇有声望者。吴昌硕深受晚清时代风气的影响，常利用古砖和陶、铜器所制成的全形拓，进行博古画的创作。

目前可知的以古砖拓本所创作的博古画，以僧六舟为陈鎏（1786—1835）所作的《古砖花供图卷》【图41·1、图41·2】最为精彩。该卷高二十五厘米，长一百四十一厘米，集有古砖拓本共计十二种，分别拓成花盆全形，补以松、竹、梅、水仙、菊

图 41·1：僧六舟《古砖花供图卷》，浙江省博物馆藏

图 41·2：僧六舟《古砖花供图卷》局部

花、菖蒲等花草十余种，现藏浙江省博物馆。2014 年 10 月 25 日
至 2015 年 1 月 25 日在浙江省博物馆武林馆举办的《六舟·一位金
石僧的艺术世界》中曾展出过此卷。该卷的展出，令古砖爱好者
大饱眼福，并赞叹不已。僧六舟与杨岘关系颇为密切。早先莲衣
和尚（生卒年不详）主持西湖灵芝寺时，邀钱松（叔盖，1818—
1860）、李节贻（生卒年不详）和杨岘一起组织了"解社"，相互
砥砺，以学习汉隶为乐，"四人者，日课五十字，字大径六七寸，
越十日一检校，不如数罚有例"[1]。后来，因为解社内部出现了矛

──────────

[1]《僧量云达受传》，《迟鸿轩文续》，《丛书集成续编》第 159 册。

盾，解社成员转而聚集在由僧六舟主持的西湖净慈寺，一时之间"名流如钱唐魏谦升滋伯（生卒年不详）、吴恒仲英（生卒年不详）、富阳胡震伯恐（1817—1862）、嘉兴范禾稚禾（生卒年不详）皆赴之"[1]，"解社"也因此声名大盛。六舟，是达受的号，俗姓姚，浙江海宁人，祝发于海昌的白马庙，生平精鉴别古器、碑版，间写花卉，有徐文长（渭，1521—1593）的纵逸之致，篆、隶、飞白、铁笔也都佳妙，并刻竹亦精。他还得嘉兴马傅岩之传，尤其以摩拓彝器最为精绝，能具各器全形，阴阳虚实无不逼真，一时称绝技，有"九能僧"之誉。在浪迹南北的行程中，他广为收集金石器物及拓片，收藏几乎可以和鼎鼎有名的阮元的"积古斋"相提并论，所以阮元美其名曰"金石僧"。六舟藏砖之富，前已述及，由此可见杨岘的藏砖兴趣，极有可能也受到了六舟的影响。且以吴昌硕与杨岘的关系，自然可以辗转略知其金石旨趣，并受间接之影响。

　　吴昌硕一生所创作的博古画数量不少，散见于各种画谱中，至今尚未见有人进行整理。从吴昌硕存世的作品来分析，其早年、中年与他人合作为多，主要是从事金石拓片及书法题跋的创作，很少涉及绘画，因此其身份大致可以定为金石爱好者，而非画家；晚年，随着他在绘画上知名度的提高，更多的则是参与绘画。吴昌硕博古画的创作时间主要集中在四十多岁前后，时正客居苏州，所游者皆为当时金石大家，如吴云、吴大澂、潘祖荫、沈秉成、杨岘等。这是其游学过程中最为丰富精彩的一段时间，此时

---

[1]《僧量云达受传》，《迟鸿轩文续》，《丛书集成续编》第 159 册。

所过眼的金石拓本无数，尤其是在吴云、吴大澂等处帮助董理金石，接触到大量的实器，有机会目睹全形拓的制作经过，想必他也是熟悉摹拓过程或者也擅长此艺的。[1]吴昌硕有一首题画诗，对于了解其博古画创作思想很重要，诗云：

《宣和鼎彝瓶罍》

〔悉具，昔时画史以工笔摹效，所插花枝皆勾勒渲染，庸俗少致。自谓效宋元笔法，可资唔噱。陈曼生能破此格，以写字之法出之，良由得力于金石者深也，戏学之，未能就其范围〕

一瓶磨口不足贵，一盆漏水真陶气。

若非破相传人间，骨董光价亲来议。

菡苕乱插菖蒲盛，收拾离奇古所弃。

黄华位置妥最难，著手泉明倘来觊。[2]

按吴昌硕诗题所云，他是反对工笔细写的，以为"勾勒渲染，庸俗少致"，同时他却很钦服陈鸿寿（1768—1822）的博古画，以为能以写字之法出之，究其原因是得力于金石功夫。这种美学观对于吴昌硕而言，是贯穿其艺术创作的整个过程的，也是符合其本人秉性的。陈鸿寿博学多能，在溧阳知县任上参与紫

---

〔1〕 目前没有材料证明吴昌硕也擅长全形拓。但吴昌硕精于摹拓之术却是事实，如其题《五凤二年刻石》《居摄坟坛刻字》拓本云："右《五凤二年刻石》、《居摄坟坛刻字》二种，余于甲申（1884）秋谒孔庙，手拓得之。近日拓工于此二种皆不能有精拓，盖因五凤石质甚粗，用大墨包扑之，则皆模糊矣。《居摄》二刻皆剥在堪中，更不易施毡椎。余以新絮小墨包细审其文而手扑之，穷日之力，得此三纸。"于此可见吴昌硕精于拓法是无可怀疑的。参见朱关田《吴昌硕年谱长编》，第49页。

〔2〕《缶庐别存》，《缶庐诗》，光绪十九年刻本。

砂壶的制作，人称"曼生壶"，被后世视为珍品；书法长于篆、隶；篆刻师法秦汉印，旁涉丁敬（1695—1765）、黄易诸家，为"西泠八家"[1]之一；山水介于姚绶（1423—1495）、程邃（1607—1692）之间；花卉虽源自陈道复（1483—1544）、李鱓（1686—1762），但不拘于宗法，潇洒多姿，实为赵之谦（1829—1884）之前驱。吴昌硕早年绘画从青藤（徐渭，1521—1593）、白阳（陈淳，1159—1223）入手，他的艺术主张是"画气不画形"，其绘画之妙更是得益于书法、金石上的涵养和修炼。以此而言，陈鸿寿博古画创作思想是非常符合他口味的，甚至是不谋而合。吴昌硕珍藏有一件金杰所赠的缶，吴昌硕曾有全形拓，其上添牡丹数株，并篆书《缶庐诗》为跋。此件亦是吴昌硕精心之构，篆书及缶之古意盎然与牡丹之国色天香，形成鲜明对比，却又相得益彰，体现了吴昌硕全面而精湛的艺术修养。这里需要特别指出的是，吴昌硕书画线条中具有的那种苍茫之美，很大程度上得益于古砖，这也是无可置疑的事实。

　　传世吴昌硕所创作的博古画，主要以古砖和青铜器的全形拓组合为主，配以小写意花卉，以及金石题跋，颇有雅趣，其题材以岁朝清供为主。如前所引《缶庐藏汉魏古甓，数事琢砚，供书画，苦寒水冻，笔胶不能下，儿童戏供水仙于上，天然画稿也，拥炉写图，题小诗补空》诗序，将书斋以古砖水仙清供作为画稿的意趣展现得一览无余。

　　光绪乙酉（1885）年吴昌硕、张㷍（字翰云，生卒年不详）、姚

---

[1]　即丁敬、蒋仁、黄易、奚冈、陈豫钟、陈鸿寿、赵之琛、钱松。

图 42：吴昌硕、张葆、姚慰祖合作《博古图》四条屏。采自《盛世鉴藏集丛·吴昌硕专辑》，第 12—13 页，浙江古籍出版社 2006 年 12 月第 1 版；亦见《日本藏金石书画精选》，第 256—263 页，西泠印社出版社 2004 年 10 月第 1 版

图 42·1：吴昌硕、张伯、姚慰祖合作
《博古图》四条屏。局部之一

图 42·2：吴昌硕、张鼑、姚慰祖合作《博古图》
四条屏。局部之二

图 42·3：吴昌硕、张㷍、姚慰祖合作《博古图》
四条屏。局部之三

图 42·4：吴昌硕、张倬、姚慰祖合作《博古图》
四条屏。局部之四

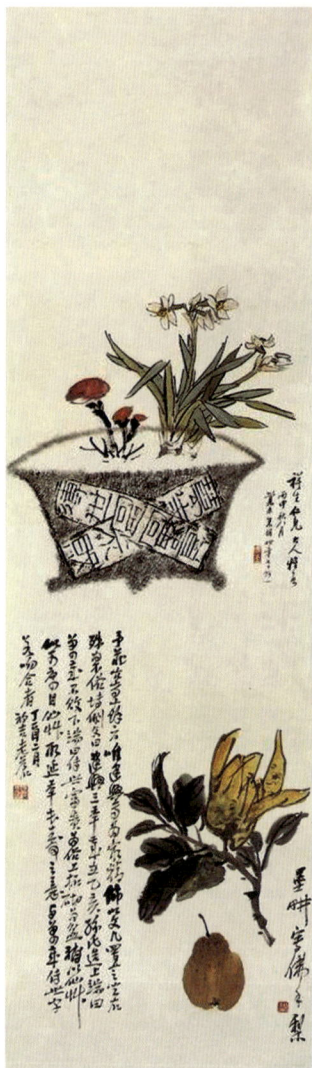
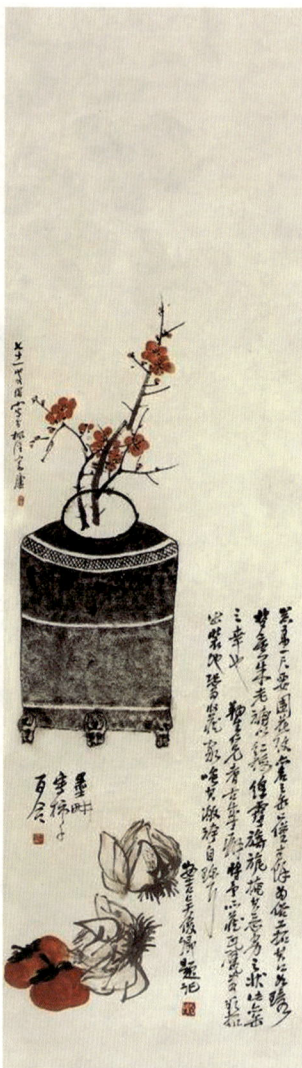

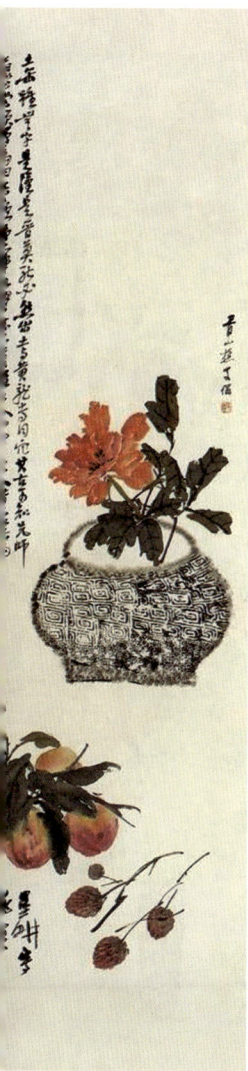

图43：吴昌硕、倪田、朱偁合作《博古花卉》
四条屏之一。采自西泠印社拍卖有限公司，
2013 年春季拍卖会，西泠印社部分社员作品
专场，拍卖号 2061

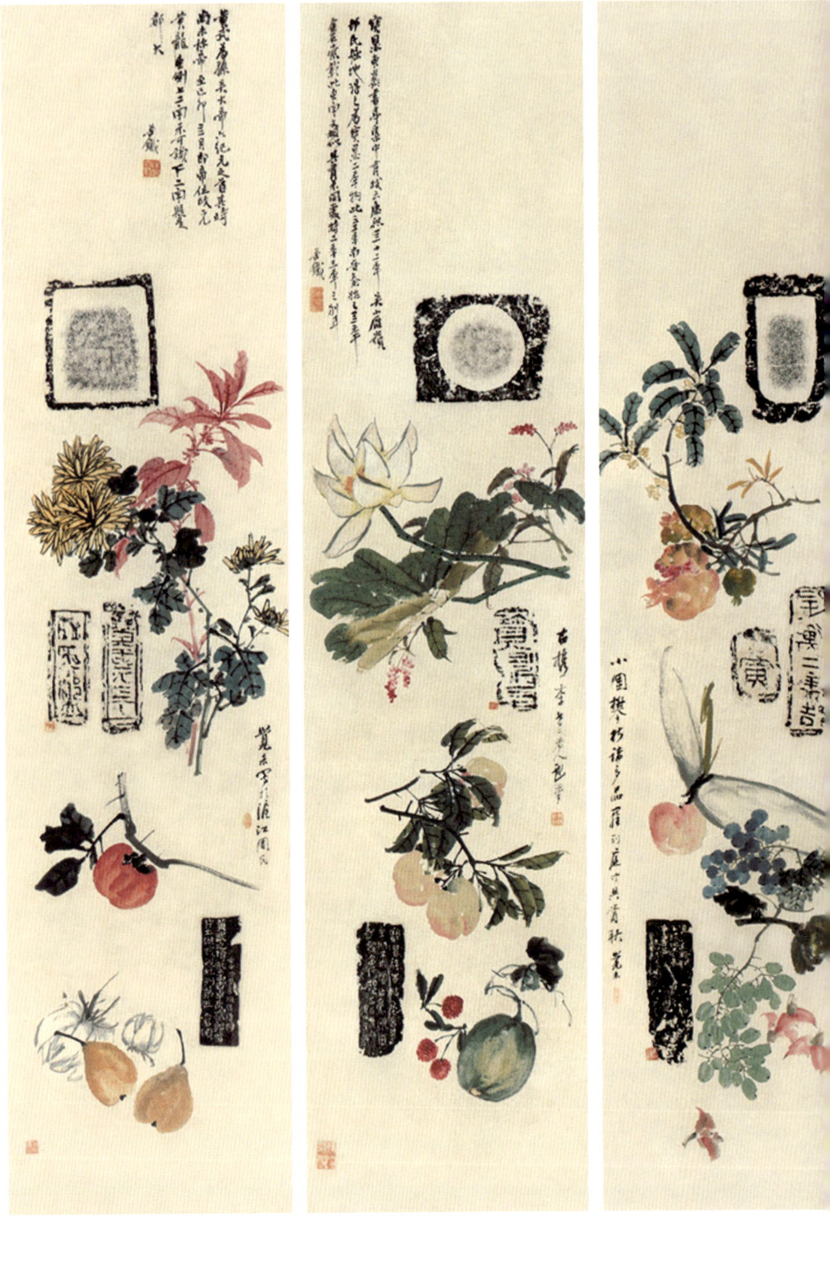

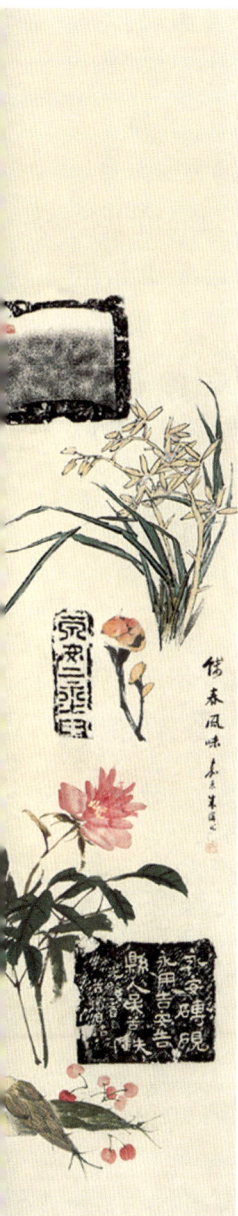

图 44：吴昌硕、朱偁合作《博古花卉》四
条屏。采自北京诚轩拍卖有限公司，2005
年秋季拍卖会中国书画（一），拍卖号 62

慰祖（字公蓼，生卒年不详）三人合作博古图四条屏[1]【图42】，是吴昌硕参与创作，且具有一定代表性的一组作品。此组作品的古砖和铜器全形拓，出自姚慰祖手拓，由吴昌硕作金石题跋，张倬绘花卉。此作的受主为笃甫，其人不详，仅知为姚慰祖的表姊夫，大概是贺寿之礼，故姚慰祖款云"盖取金石同寿之意"。四帧中共拓铜器六件；古砖八枚：太宁（323—326）□年，武元康元年【图42·1】，常宜子孙，大泉五十富贵【图42·2】，大吉，元康八年包【图42·3】，咸安二年（372）太岁在壬申八月□日造，五十泉文砖【图42·4】，这是一件不可多得的精品。其中"元康八年"砖据胡斐先生赐知，即出湖州鹿山一带。

又光绪丁酉（1897）二月，吴昌硕与倪田、朱偁（号梦庐，1826—1900）合作的《博古花卉》四条屏[2]【图43】，即以陶缶、卣、三足缶、砖拓各一组成全形拓，补以牡丹、秋菊、红梅、灵芝等物，并题跋。按题跋可知，器为吴昌硕所藏，拓工所为之后，由朱偁补绘牡丹、秋菊、红梅、灵芝，吴昌硕题跋，最后由倪田补绘桃、荔枝、苹果、葡萄、柿子、百合、佛手、梨。古色古香，颇为可人。是年，吴昌硕与朱偁还合作过一组《博古花卉》，该四条屏每帧均有砖砚拓本及吴昌硕题跋，并配以朱偁的写意花卉。其中砖砚分别为"永安二年"、"建衡二年"（270）、"宝鼎三年"（268）、"黄武元年"残砖砚[3]【图44】，古色古香，叹为佳品。

---

〔1〕陈振濂主编《盛世鉴藏集丛·吴昌硕专辑》，第12—13页，浙江古籍出版社2006年12月第1版。

〔2〕西泠印社拍卖有限公司，2013年春季拍卖会，西泠印社部分社员作品专场，拍卖号2061。

〔3〕北京诚轩拍卖有限公司，2005年秋季拍卖会中国书画（一），拍卖号62。

第五节　咏砖诗

　　吴昌硕嗜于诗，有"夫婿是诗人"[1]之句，可以看出他是以诗人自许的。吴氏素以"耕读传家"，故吴昌硕的祖辈多著有诗文集，如吴维岳（1514—1569）有《天目山斋岁编》存世，其子吴稼瞪（1549—1606）见赏于王世贞，有《玄盖副草》《南谐集》《滇游北征前后集》《并湖录》诸诗文集；清季则有吴应奎（1758—1800），知音于阮元，有《读书楼诗稿》二卷存世。至于吴氏一族之中有诗文集传世的则更多了，耕读家风之厚也由此可见。[2]其中吴昌硕嫡传一支有诗文集传世的就有十四祖吴月将（生卒年不详）《清远阁文集》；十六祖吴之栋（生卒年不详）《月湾诗稿》四卷；高祖吴树址（生卒年不详）《苦札记言》《金刚经脑补》；祖吴渊（1778—1857）《天目山房诗集》；父吴辛甲（1821—1868）《半日村诗集》，其中吴渊据说还执掌本邑古桃书院山长之职多年，可谓是"耕读传家"诗书绵延不绝。[3]因此吴昌硕在《七十自寿》中有"我父我祖称通儒"[4]之云。吴昌硕本人也是四十岁左右就刊印了《缶庐诗》《缶庐别存》；之前还有《红木瓜馆诗草》[5]稿本存世；晚年

---

[1]　《赠内》，童英点校《吴昌硕诗集》，第 101 页，华东师范大学出版社 2009 年 12 月第 1 版。

[2]　详见安吉、孝丰两县《县志》艺文部分。

[3]　《吴氏宗谱》中有吴渊自撰挽联云："一生自喜惟耽酒，再世重来更读书"，耕读情节之深可见一斑。

[4]　《缶庐集》卷三，民国五年刻本。

[5]　现藏上海吴昌硕纪念馆。

又由嘉业堂刊行了《缶庐集》，一生诗作，可谓累累。

吴昌硕继承了乾、嘉以来张廷济、翁方纲、吴大澂等金石家咏古诗的传统，其题《乾嘉诸老手札书后》有"诗文金石考同异，声音孳乳辨训诂"[1]之云，将乾、嘉以来的学术旨趣揭露无遗。吴昌硕的题砖诗展现了他在诗文、史学上的精深造诣，显示出他全面的学术和艺术修养。如《缶庐诗》卷三《谢沈公周瑾赠赤乌残砖》诗云：

> 虞山苍苍海东落，有美一人占丘壑。
>
> 搜诗山鬼长于愁，著屐梅花早春约。
>
> 赤乌残砖偶拾得，寄穷措大胜金错。
>
> 七年吴冢谁造作，对题未拆先摸索。
>
> 文字刻露森芒角，若蛮夷印快刀凿。
>
> 紫髯碧眼英雄姿，江东一隅受兄托。
>
> 拒曹赤壁神鬼惊，烽火仓皇窜鼠雀。
>
> 绕树三匝乌南飞，非尔族类任漂泊。
>
> 后七年夏吴祚衰〔太元二年二月，改元神凤，夏四月权薨〕，改元神凤乌不若。
>
> 得无累尔筑蒋陵，笔画残经匠手斫。
>
> 缶庐藏甓旧有此，金大论交重一诺〔谓俯将〕。
>
> 制作较薄文较严，琢砚用之久长乐。
>
> 拓本入手双乌银，嘉惠平生敢忘却。
>
> 寄书相见三摩挲，爱我疏狂不我嗤。

---

[1]《缶庐集》卷三，民国五年刻本。

只愁荒伧字不识，病入膏肓无可药。

冷淡生涯且磨墨，应门唤起梅边鹤。

赤乌赤乌饥莫号，伴尔空山食藜藿。[1]

据朱关田先生在《吴昌硕年谱长编》中考订，此诗作于光绪十三年
（1887）早春。按诗中所云，除了沈汝瑾赠送过"赤乌"砖给吴昌硕
之外，金杰也曾送过"赤乌"砖，吴昌硕还琢成砚台，以充文房之用。
又《缶庐集》卷二《长生未央砖拓本为长尾》诗曰：

汉砖光莹莹，红萍谁剔绣。

况宠吉翔字，复宝毡蜡旧。

君友同君奇，持赠不自富。

长生未央文，密意颂好寿〔二字见竟铭〕。

缶庐道亦在，残甓抱左右。

永宁拓双行，廿字类史籀。

赤乌认八分，波磔谢古茂。

琢砚誓学书，有得徒自谬。

君诗推长城，君字重列宿。

以砖颜虚室，人诗两劲瘦。

摩挲复摩挲，长风生海窦。

醉眼看乾坤，不似古时候。[2]

〔1〕《缶庐诗》卷三，光绪十九年刻本。
〔2〕《缶庐集》卷二，民国五年刻本。

是诗作于民国元年（1912）秋月，是为日本友人长尾甲（1864—1942）所题。[1]其中"永宁拓双行，廿字类史籀。赤乌认八分，波磔谢古茂"两句充分展示了吴昌硕作为书法家的别具眼光。又手稿《汉砖拓本为日本友人题》：

> 牵车移露盘，铜仙泣秋雨。
>
> 八字苍龙文，犹留汉家土。
>
> 苔花惨寒碧，荒殿颓败堵。
>
> 万户与千门，何处复重睹？
>
> 谈瀛有海客，冥心癖好古。
>
> 双甓重南金，奇光玉虹吐。
>
> 分赠素心人，一片留艺圃。
>
> 老眼摩青瞳，恨未能攫取。
>
> 琢砚佐文房，供我写石鼓。
>
> 乾坤正多事，中原莽豺虎。
>
> 惜非无色石，炼之天可补。
>
> 文物盛东方，扶桑浴日处。
>
> 同文嗜奇觚，与我如水乳。
>
> 火德今方兴，折冲在樽俎。
>
> 客游聚文星，谈笑相尔汝。
>
> 东风吹衣裳，春洲杂兰杜。

---

[1] 朱关田《吴昌硕年谱长编》，第288页。

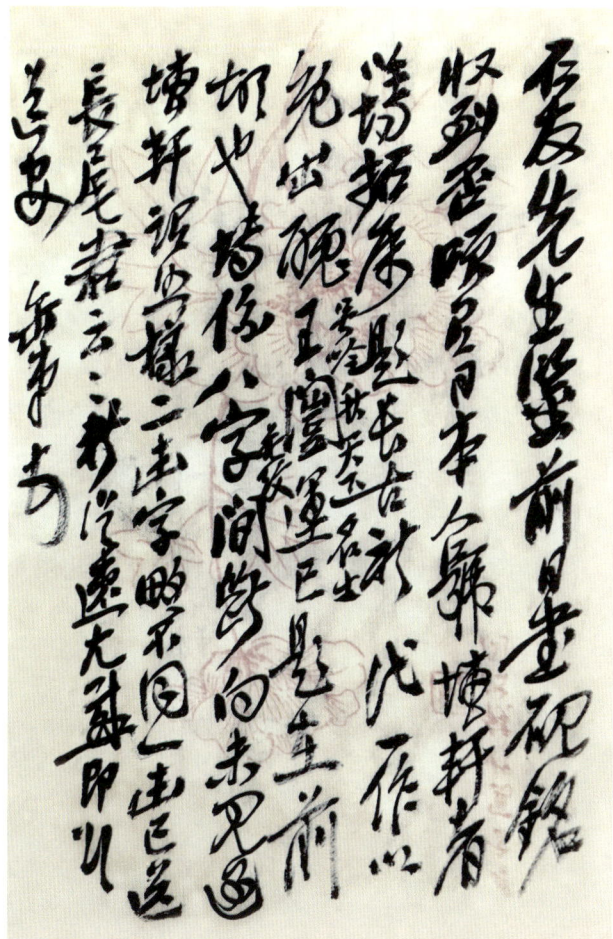

图 45：吴昌硕致沈石友信札。采自日本栗原芦水《吴昌硕尺牍集》，平成十九年（2007）九月二十六日发行

何必南岳游，禹碑拓岣嵝。[1]

末句"何必南岳游，禹碑拓岣嵝"将该古砖文字和著名的《岣嵝碑》相提并论，足见推崇。《岣嵝碑》，又称《禹王碑》《大禹功德碑》，原刻在南岳衡山岣嵝峰，故称"岣嵝碑"。此碑相传为颂扬夏禹而作，字在缪篆与符篆之间。关于《岣嵝碑》的记载，散见于罗含（292—372）《湘中记》、赵晔（生卒年不详）《吴越春秋》、郦道元（约466—527）《水经注》、徐灵期（？—474）《衡岳记》、王象之（1163—1230）《舆地记胜》等历代著述。

在吴昌硕致沈石友（汝瑾）的信札中，便有一信请其代为赋诗，以应"日本人号砖轩者以砖拓属题长古"的需要。以长古而推测，很有可能就是上述《汉砖拓本为日本友人题》一诗。沈石友一生，为吴昌硕代作诗文甚多，这仅是其一而已[2]【图45】。

---

[1] 吴东迈《吴昌硕谈艺录》，第133页。
[2] 日本栗原芦水《吴昌硕尺牍集》，第73页，平成十九年九月二十六日发行。

余　论

道在瓦甓——古砖的学术和艺术价值

砖室墓形制大小，墓砖做工之精细程度对于考察社会、经济、政治、文化、风俗都具有重要的参考作用，是其学术价值的体现；乾、嘉以后，在"朴学"风气的影响下，古砖进入金石、书画、篆刻家的视线，并成为艺术家汲取营养的对象，充分展现出古砖的艺术价值。

第一节　古砖的学术价值

晚清经学家俞樾在《吴康甫慕陶轩古砖图录》序中说：

> 余经生也，欲通经训必先明小学。而欲明小学则岂独商周
> 之钟鼎，秦汉之碑碣，足资考证而已，虽砖文亦皆有取焉。[1]

这里俞樾将古砖和商周的钟鼎、秦汉的碑版相提并论，并旗帜鲜
明地表示"砖文亦皆有取焉"，来说明古砖在经学中的重要作用，
尤其是小学中。除经学之外，古砖还在历史学、考古学、金石学、
民俗学、经济学、法学等方面具有重要的研究价值和作用。[2]

凌霞《千甓亭古砖图释》序中亦云：

> 金石文字之可贵以其可以考古事，证异文，故学者多耆
> （嗜）之。而于古甓亦然，往往能于残断剥蚀中，于地理、官
> 制借以订讹补阙，而姓氏之稀异亦时一遇之。[3]

古砖在历史学中的作用，主要体现在以下两方面。一是补史阙。如
古砖中所发现的郡望，有史书中所未载者，于历史地理学研究就具

---

[1]　《春在堂杂文续二》，俞樾《春在堂全书》，第 4 册，凤凰出版传媒集团、凤凰出版社。
[2]　亦可参见殷荪《中国砖铭·文字分册·导论》，第 15—22 页，江苏美术出版社 1998
　　年 10 月第 1 版。
[3]　陆心源《千甓亭古砖图释》，凌霞序。

有非常之价值；又如古砖中所出现之官职，亦有史书所未载者，于历代官职研究也具有非常重要的参考价值；还有古砖中的墓志、买地券、记功莂等，可以补充人物、文献研究之不足，等等。一是证史谬。如古砖中所出现之年号，有与史书所载不符者，反过来也可以证明史书之讹误；以及古砖中所出现的地理、官职、人物小志、记功、记事等，也往往有与史书不相同者，反过来也可以证明史书本身史料、传抄过程中的笔误，以及故意篡改所造成的讹误、错谬等。

古砖在考古学中具有非常重要的作用，如砖室墓的形制、规模是确定墓主人身份和活动时间的关键，而纪年砖的出现，则可以准确地断定考古遗址的年代，解决争议。而且，古砖本身所具有的文物价值，也是它在考古学中作用的体现。

古砖是中国传统金石学的重要组成部分，属于"石"的范畴。因此，在古代的金石著作中，古砖往往被收入其中，如赵明诚《金石录》、洪适《隶释》、翁方纲《两汉金石录》、阮元《两浙金石录》、孙星衍《寰宇访碑录》、王昶《金石粹编》、陆增祥《八琼室金石补正》等，都附有砖铭之目。

中国古代有一套完整的殡葬制度，也有为绝大多数人所遵守的准则。从古砖中也可以看到这种礼仪的存在，因此这对于后世解读前人的风俗礼仪，具有非常重要的意义。

还有古砖中所出现的姓氏，有很多今天已经不常见，甚至已经看不到了，这对于研究古代姓氏及其分布有着非凡的意义。如千年月先生在《古甓所见会稽姓氏整理初报》[1]中，将1 300余枚

---

[1]　参见《越问》第4期（会稽古甓研究专辑），第22—29页，绍兴《越问》读书会。

会稽出土古砖进行统计，得出 155 个姓氏，其中以徐、张、丁、朱、陈、王、虞、刘、黄、求最多。于此可以推见，这些姓氏在当时多为门阀簪缨之族，为当时的显姓，与史书记载相符合。还有古砖出现的"相坟地""定时辰"下葬的铭刻文字，对于研究古代"风水学"，也有着重要价值。而这些，都是古砖在民俗学中价值的体现。

买地券、地契砖中的价格，以及佛寺、佛塔捐赠数目等等，对于研究该时代经济具有一定的参考价值。还有东汉时期刑徒砖的大量出土，对于研究当时的刑罚制度、刑律种类以及刑律的具体内容都具有重要的参考和研究价值。

第二节　古砖的艺术价值

江、浙一带所出汉、三国、晋砖，以文字砖为多，图像砖较少。[1] 规格有长方形、刀形、楔形、榫卯形等几种；文字以纪年、吉语、记名为多；图案以动植物以及几何纹样为主。[2] 按文字或图案的制作方式，主要有字模压印、锲刻和书写三种类型。

古砖文字多为篆、隶，古拙可爱，尤其是两汉古砖的制作、文字更为精美，凌霞《千甓亭古砖图释》序中也说："若夫字迹之

---

〔1〕　中原、四川等地所出土的多为画像砖。

〔2〕　江、浙出土的古砖以模制砖为主。其制作是先将文字或图案刻于模上，再压印在砖坯上，干后入窑焙烧。模具应是木质或陶质。砖不便运输，一般就地为窑，数墓一窑、一墓一窑、一墓数窑均有考古发现。窨水砖呈青色，未窨水则呈红色。窨水砖防冻耐涝，故汉晋墓皆用青砖。另因窑膛湿度过高，水分凝聚，也会在砖表面形成青釉。

瑰奇，尤觉变态不穷，虽间出匠工俗手，其古致亦可喜也。"[1]因此，在两汉碑版日渐稀少的情况下，堪可为书法家所取法，乾、嘉以来多有取法者，如前面所述之僧六舟、许梿、吴廷康、吴昌硕等人。又如近年所出土的"凤皇三年太岁甲午造""凤皇三年六月兒氏造增""会稽山阴兒建立葬"砖，就是一组与《天发神谶碑》文字风格相当接近的古甓，因此，其珍贵程度自然不亚于三国时期的碑版。广州黎旭先生有《据"凤皇三年"砖文试论"天发神谶碑"》详述之。[2]方东树（1772—1851）《吴康甫砖录》序中亦云："其（吴廷康）说以为凡汉、晋钟铭印文铜器碑碣瓦当之属，一一取证以砖文，可补诸体于万一。"[3]又杨岘在吴昌硕《赤乌七年残砖砚》拓本中也说："'乌'作'烏'不合六书，然隶书往往变体，愈增古媚。"[4]这是以金石、书法家的眼光来审视古砖的文字之美。因此殷荪先生在《中国砖铭·导论》中说："从中国书法史的角度来看，砖铭与石质碑刻、简牍、帛书以及书法家的墨迹刻于历代单帖、丛帖中的众多不同帖本，同样是诸多书法样式之一种。不同断代的砖铭书写体相与众多的书写者的不同用笔技法、书艺风貌，都是研究不同书史时期与不同断代书史的重要史料的一个不可或缺的组成部分。因为砖铭所直接反映出来的文字书写特点，可以看成是中国书法史的许多可征为信史的史料之一。"[5]

---

〔1〕 陆心源《千甓亭古砖图释》，凌霞序。
〔2〕 参见《越问》第4期（会稽古甓研究专辑），第16—21页。
〔3〕《古砖荟》，第114页，嘉定朱氏刊本。
〔4〕 安吉吴昌硕纪念馆藏原拓，《安吉吴昌硕纪念馆藏作品集》，第97页。
〔5〕 殷荪《中国砖铭·文字分册·导论》，第18—19页。

　　汉、晋古砖文字，以缪篆、隶书为主，尤其是汉砖与传世的汉印风格相吻合，因此清季以来颇受书法、篆刻家的青睐。如"西泠八家"就是典型的例子，他们的印受汉砖的影响极大，不仅模拟古砖文字，甚至连其斑驳之味也加以效仿。

　　古砖所具有的古致可喜特色，更是满足了广大具有嗜古之癖者的兴趣，如前面所提到的张廷济，其赏砖、寿砖、咏砖、拓砖以及制作砖砚等一系列的行为便是最好的说明。张廷济、吴昌硕等古砖爱好者不但将古砖制成砚台，以充文房雅玩，同时，又将古砖模拓下来，制成拓片，作数字乃至数十、百字的题跋，并用精美的书法抄录其上，配以点点朱红色的印章，再兼其文字或为小品文，或为诗、词，让人品读之后，感受到盎然古意之外，还有文学、艺术上的享受，给人以精神上的愉悦，令人陶醉其中，如痴如醉。这些都充分展示了古砖的艺术价值。

　　白谦慎先生在《吴大澂与他的拓工》中说："吴大澂曾把一些瓦当裱成屏幅。瓦当文字多为吉祥语，如'长生未央''与天无极'等，图案也颇有吉祥寓意，挂在书房甚是允当。"砖、瓦相似，因此装裱起来，悬之书房，自是"古香袭人"，怡人心目。近年来古砖拓片颇受金石爱好者的追捧，尤其是有前贤题跋的砖拓，在拍卖会上价格也是一路攀升。这便是今人对其艺术价值不断认知的明证。

参考文献

《安吉吴昌硕纪念馆藏作品集》，上海书画出版社 2014 年 8 月第 1 版。

北京图书馆编《北京图书馆珍藏本·年谱丛刊》，北京图书馆出版社 1999 年版。

北京诚轩拍卖有限公司 2005 年秋季拍卖会《瓷器工艺品图录》。

陈康祺《燕下乡脞录》卷十四，《近代中国史料丛刊》，第 553 卷，文海出版社 1970 年版。

陈肆明《吴昌硕花卉画的创作背景及其风格研究》，台北市立美术馆印行。

陈振濂主编《盛世鉴藏集丛·吴昌硕专辑》，浙江古籍出版社 2006 年 12 月第 1 版。

陈振濂主编《日本藏金石书画精选》，西泠印社出版社 2004 年 10 月第 1 版。

戴家妙《吴昌硕》，《书艺珍品赏析》第 10 辑，湖南美术出版社 2009 年 3 月第 1 版。

范景中主编，傅新生、李本正翻译《美术史的形状：从瓦莎里到 20 世纪 20 年代》，中国美术学院出版社 2003 年 3 月第 1 版。

《缶庐翰墨》，上海书店出版社 1995 年 8 月第 1 版。

高木圣雨编《杨岘の书法》，日本二玄社 2006 年 3 月初版发行。

高居翰《画家生涯：传统中国画家的生活和工作》，生活·读书·新知三联书店 2012 年 1 月第 1 版。

《古砖荟》，嘉定朱氏刊本。

顾廷龙《吴愙斋先生年谱》，文海出版社 1965 年初版。

金蓉镜《鲍少筠所藏金石文字》，1922 年影印本。

晋鸥主编《吴昌硕匾额书法集》，西泠印社出版社 2014 年 12 月第 1 版。

吕佺孙《百砖考》，光绪戊寅七月滂喜斋刊本，嘉定明止堂藏本。

陆心源《千甓亭古砖图释》，浙江古籍出版社 2011 年 4 月第 1 版。

陆心源《千甓亭砖录》《续录》，《存斋杂纂》之三，光绪七年刊本。

林欢《宋代古器物学笔记材料辑录》，上海人民出版社 2013 年 3 月第 1 版。

陆明君《簠斋研究》，荣宝斋出版社 2004 年 12 月第 1 版。

林树中《吴昌硕年谱》，上海人民美术出版社 1994 年 9 月第 1 版。

卢辅圣主编《中国书画全书》，上海书画出版社 2009 年 12 月第 2 版。

李文海主编《清史编年》，中国人民大学出版社 2000 年 8 月第 1 版。

刘正成主编《中国书法全集·秦汉金文陶文》，荣宝斋出版社 1992 年 10 月第 1 版。

刘濬修、潘宅仁等纂《孝丰县志》，同治十二年二月兴修，光绪三年十一月开雕，五年四月工竣。

马国权《近代印人传》，上海书画出版社 1998 年 8 月第 1 版。

《清史稿》，中华书局 1977 年 8 月第 1 版。

日本栗原芦水《吴昌硕尺牍集》，平成十九年九月二十六日发行。

桑椹《历代金石考古要籍序跋集录》，浙江古籍出版社 2010 年 12 月第 1 版。

施浴升《金钟山房文集》，《安吉施氏遗著》之一，光绪十七年辛卯刻本。

施蛰存《金石丛话》，中华书局 1991 年 7 月第 1 版。

沙匡世《吴昌硕〈石交集〉校注》，上海书画出版社 1992 年 3 月第 1 版。

沈汝瑾《沈氏砚林》，上海书店出版社 1993 年 10 月第 1 版。

沈汝瑾《鸣坚白斋诗集》，光绪辛酉刻本。

上海书法家协会《海派代表书法家系列作品集·吴昌硕》，上海书画出版社
　　2006 年 12 月第 1 版。

《书法丛刊》，2014 年第 5 期，总第 141 期，文物出版社。

童衍方《宝甓斋集砖铭》，上海书店出版社 2003 年 7 月第 1 版。

童衍方《吴昌硕集彝器款识》，上海书店出版社 2003 年 11 月第 1 版。

汤剑炜《金石入画：清代道咸时期金石书画研究》，上海古籍出版社 2013 年
　　11 月第 1 版。

汪荣、刘敏兰修；张行孚、丁宝书纂《安吉县志》，同治十三年刻本。

吴昌硕《缶庐诗》，卷二，光绪十九年刻本。

吴昌硕《缶庐集》，卷二，民国九年刻本。《近代中国史料丛刊》第 8 辑，文
　　海出版社影印本。

《吴昌硕书札选粹》，荣宝斋珍藏墨迹选，荣宝斋出版社 1994 年 10 月第
　　1 版。

《吴昌硕诗集》，华东师范大学出版社 2009 年 12 月第 1 版。

《吴昌硕印谱》，上海书画出版社 1985 年 9 月第 1 版。

吴昌硕《苍石斋篆印》，日本平成三年六月初版印刷。

吴昌硕《红木瓜馆诗草》，上海吴昌硕纪念馆藏稿本。

《吴氏宗谱》，光绪二十四年重修本。

吴大澂《愙斋诗存》，华东师范大学出版社 2009 年 8 月第 1 版。

《吴大澂日记》，《青鹤》（笔记九种），《近代史料笔记丛刊》，中华书局 2007
　　年 4 月第 1 版。

《吴湖帆文稿》，中国美术学院出版社 2004 年 9 月第 1 版。

吴隐《遁庵古砖存》，西泠印社民国印本。

吴云《两罍轩尺牍》，《近代中国史料丛刊》第 27 辑，文海出版社。

吴东迈《吴昌硕谈艺录》，人民美术出版社 1993 年 10 月第 1 版。

《文史》，2011 年第一、二辑，中华书局。

西泠印社《重振金石学国际学术研讨会论文集》，西泠印社出版社 2010 年 8
　　月第 1 版。

西泠印社拍卖有限公司 2009 年秋拍《名家手迹·碑帖法书专场图录》。

西泠印社拍卖有限公司 2009 五周年庆典拍卖会《名家手迹·碑帖法书专场
　　图录》。

西泠印社拍卖有限公司 2010 年秋季艺术品拍卖会《中国书画近现代名家作
　　品专场图录》。

西泠印社拍卖有限公司 2010 年秋季艺术品拍卖会《近现代名人手迹专场图录》。

西泠印社拍卖有限公司 2011 年春拍《中国书画近现代名家作品专场图录》。

西泠印社拍卖有限公司 2013 年春季拍卖会《西泠印社部分社员作品专场图录》。

辛德勇《建元与改元》，中华书局 2013 年 7 月第 1 版。

杨梅吟《吴昌硕印风与晚清中国书法篆刻艺术交流的发展》，东海大学美术
　　学系硕士论文。

俞樾《春在堂全书》，凤凰出版传媒集团、凤凰出版社 2010 年 1 月第 1 版。

杨逸《海上墨林》，华东师范大学出版社 2009 年 8 月第 1 版。

杨岘《迟鸿轩文续》，《丛书集成续编》，第 159 册，台湾新文丰出版公司。

《艺灿扶桑：日本藏吴昌硕作品精粹》，上海书店出版社 2009 年 6 月第
　　1 版。

殷荪《中国砖铭》，江苏美术出版社 1998 年 10 月第 1 版。

《越问》，第四期《会稽古甓研究专辑》，绍兴《越问》读书会。

张廷济《清仪阁题跋》，魏稼孙、丁立诚辑本。

张廷济《桂馨堂集·顺安诗草》，道光二十八年刻本。

张廷济《清仪阁所藏古器物文》，台湾“国风”出版社 1980 年 5 月版。

《中国历代篆刻集萃》，浙江古籍出版社 2007 年 6 月第 1 版。

中国嘉德国际拍卖有限公司 2009 秋季拍卖会《中国近现代书画图录》。

浙江骏成拍卖有限公司 2010 夏季艺术品拍卖会收藏品《中国书画专场图录》。

朱关田《吴昌硕年谱长编》，浙江古籍出版社 2014 年 8 月第 1 版。

张荣德主编《吴昌硕翰墨珍品》，西泠印社出版社 2013 年 5 月第 1 版。

褚德彝《竹人录·竹人续录》，《中国艺术文献丛刊》，浙江人民美术出版社
　　2012 年 10 月第 1 版。

张鸣珂《寒松阁谈艺琐录》，凤凰出版社 2010 年 3 月第 1 版。

《中国书法》，2015 年第 1 期，总第 261 期，中国书法杂志社。

《中国文物报》，2008 年 3 月 5 日。

仲威《环宇读碑书系·碑帖鉴定要解》，上海书画出版社 2015 年 8 月第 1 版。

附录：清、民国时期砖著一览表

1. 陈璜（生卒年不详）《泽古堂古砖录》

   拓本。陈璜，吴人，侨寓上海。

2. 张燕昌（1738～1814）《三吴古砖录》

   张燕昌，字文鱼，号芑堂。浙江海盐人。

3. 徐熊飞（1762～1835）《古砖所见录》

   徐熊飞，字子宣，号雪庐。浙江武康人。

4. 纪大复（1762～1831）《古砖品》

   纪大复，字子初，号半樵。上海人。

5. 张开福（1763～？）《三吴古砖续录》

   张开福，字质民，号石匏。张燕昌之子。

6. 阮元（1764～1849）《八砖吟馆刻烛集》，二卷

   嘉庆年间刻本。阮元，字伯元，号芸台。江苏仪征人。

7. 释达受（1791～1858）《浙江砖录》

   达受，俗姓姚，字六舟。浙江海宁人。

8. 张廷济（1768～1848）《清仪阁所藏古器物文》卷五，《砖录》

   稿本，日本京都大学图书馆藏。张廷济，原名汝林，字顺安，号叔未。

浙江嘉兴人。

9. 周中孚（1768～1831）《杭嘉湖道古砖目》

周中孚，字信之，号郑堂。浙江乌程人。

10. 陈经（1792～?）《求古精舍金石图》，四册

嘉庆二十三年（1818）说剑楼刻本。陈经，浙江吴兴人。

11. 吴廷康（1799～1873 年后）《吴康甫古砖录》，一卷

道光十四年（1834）刻本；后增为四卷，易名《慕陶轩古砖图录》，咸丰元年（1851）刻本。吴廷康，字元生，号康甫。安徽桐城人。

12. 冯登府（1783～1841）《浙江砖录》，四卷

道光十六年（1836）鄞郑淳刻本。冯登府，字云伯，号勺园、柳东。浙江嘉兴人。

13. 吕佺孙（1806～1857）《百砖考》

道光十四年（1834）刻本。吕佺孙，江苏阳湖人。

14. 陆增祥（1816～1882）《八琼室古砖录》，

抄本。陆增祥，字魁仲，号星农、莘农。江苏太仓人。

15. 陆增祥《八琼室砳砖砚录》

稿本。陆增祥著。

16. 陆心源（1834～1894）《千甓亭砖录》，六卷；《千甓亭砖续录》，四卷

光绪七年（1881）吴兴陆氏十万卷楼刻；光绪十四年（1888）续潜园总集本。陆心源，字刚甫，号存斋。浙江归安人。

17. 陆心源《千甓亭古砖图释》，二十卷

光绪十七年（1891）石印本。陆心源著。

18. 吴大澂（1835～1902）《愙斋砖瓦录》，一卷

西泠印社民国石印本。吴大澂，初名大淳，字清卿，号恒轩、愙斋。江苏吴县人。

19. 黄瑞（1837～1889）《台州金石录·砖录·金石砖文阙访目》

民国五年（1916）吴兴刘氏嘉业堂刻本。黄瑞，浙江台州人。

20. 孙诒让（1848～1908）《魏邺宫残砖拓本跋》

　　国粹学报。孙诒让，又名德涵，字仲容，号籀庼。浙江瑞安人。

21. 孙诒让《温州古甓记》，一卷

　　庚辰（1880）十二月刊印。

22. 王树枏（1851～1936）《汉魏六朝砖文》

　　民国二十四年（1935）上海商务印书馆印行。王树枏，字晋卿，晚号陶庐老人。直隶新城县人。

23. 高鸿裁（1852～1918）《上陶室砖瓦文攈》，十二册

　　山东省图书馆。高鸿裁，字翰生。山东潍县（今潍坊）人。光绪十三年（1887），从河南得"海内皆臣，岁登成熟，道无饥人"砖。

24. 端方（1861～1911）《匋斋藏砖记》

　　清宣统二年（1910）石印本。端方，字午桥，号陶斋。满洲人。

25. 汪兆镛（1861～1939）《广州城残砖录》；附《大刀山晋砖记》

　　民国铅印本。汪兆镛，字伯序，号憬吾。广东番禺人。

26. 张琴（1864～1938）《留斋藏砖》，五册

　　拓本。天一阁藏。张琴，字峄桐，号留叟。浙江鄞县人。

27. 邹安（1864～1940）《专门名家》三集

　　上海广仓学窘民国年间影印本。邹安，字寿祺、景叔，号适庐。浙江杭县人。

28. 罗振玉（1866～1940）《雪堂砖录四种》：《楚州城砖录》一卷；《地券征存》一卷；《砖志征存》一卷；《恒农砖录》一卷

　　民国七年（1918）罗氏石印本。罗振玉，字式如、叔蕴、叔言，号雪堂、永丰乡人、贞松老人。浙江上虞人。

29. 罗振玉《高昌砖录》

　　民国二十二年（1933）石印本。

30. 吴隐（1867～1922）《遁庵古砖存》，八卷

　　西泠印社刊印。吴隐，字石泉、石潜，号潜泉、遯盦。浙江山阴人。

31. 陈宗彝（1871～1942）《古砖文录》

　　拓本。陈宗彝，字雪峰，号嗜古。江苏江宁人。

32. 王绶珊（1873～1938）《九峰旧庐砖研拓本》

　　拓本。王绶珊，名体仁，字绶珊。浙江余杭人。

33. 蔡敬襄（1877～1952）《江西蔚廷图书馆藏瓦当、砖砚、造象文字拓目》

　　民国二十一年（1932）刊印。蔡敬襄，字蔚挺。江西新建人。

34. 蔡守（1879～1941）旧藏《南越残甓十二品》

　　上海广仓学窘民国年间影印本。蔡守，初名有守，字哲夫、寒琼。广东
　　顺德人。

35. 鲁迅（1881～1936）《俟堂砖文杂集》

　　民国十三年（1924）刊印。鲁迅，原名周樟寿，改名周树人，字豫山、
　　豫才。浙江绍兴人。

36. 冯贞群（1886～1962）《鄞城古甓录》，一卷

　　国风半月刊。冯贞群，字孟颛，号伏跗居士。浙江慈溪人。

37. 黄文弼（1893～1966）《高昌砖集》

　　西北科学考察团理事会民国二十年（1931）铅印本。黄文弼，字仲良。
　　湖北汉川人。

38. 温廷敬（1869～1954）《广州城砖考释》

　　中山大学文史研究所会刊。温廷敬，字丹铭，号止斋。广东大埔县人。

39. 丁锡田（1893～1941）《潍县高氏上陶室砖瓦考释》

　　国文周刊。丁锡田，字卓干，号稼民，山东潍县人。

40. 溥心畲（1896～1963）《汉亭长砖》

　　故都旬刊。溥心畲，原名爱新觉罗·溥儒，初字仲衡，改字心畲，号羲
　　皇上人、西山逸士。清恭亲王奕䜣之孙。

41. 王修（1898～1936）《汉安甋甋砖录》

　　民国十九年（1930）铅印本。王修，字季欢，号杨盦。浙江长兴人。

42. 王振铎（1911～1992）《汉代圹砖集录》

　　1935 年北平考古学社影印。王振铎，字天木，河北省保定市人。

43. 傅抱石（1904～1965）《汉魏六朝之墓砖》

　　刊于 1937 年第 2 期《文艺月刊》。日人关野贞著，傅抱石译。傅抱石，
　　原名长生、瑞麟，号抱石斋主人。江西南昌人。

44. 褚峻（生卒年不详）《古砖录》

　　褚峻，字千峰。陕西部阳人。

45. 严复基（生卒年不详）《严氏古砖存》，二卷

　　道光十九年（1839）刻本。严复基，江苏长洲人。

46. 《永安砖砚唱和集》

　　语溪徐氏丛刻本。

47. 孙桂山（生卒年不详）《孙氏青芙蓉邻藏砖·藏瓦》

　　拓本。孙桂山，字桂山、桂珊，号华南逸史。浙江平湖人，晚居海盐。

48. 钮重熙（生卒年不详）《百陶楼甓文集录》

　　钮重熙，浙江吴兴人。

49. 王黻（生卒年不详）《宝鼎精舍古砖录》

　　王黻，字二樵。浙江乌程人。

50. 丁芮模（生卒年不详）《汉晋砖文考略》，一卷

　　丁芮模，浙江归安人。

51. 宋经畲（生卒年不详）《瓬瓾录》，四卷；之馀，一卷

　　又名《砖斋札记》《砖文考略》。宋经畲，号心芝。浙江临海人。

52. 张紫琳辑《古砖录》，不分卷

　　抄本，上海明止堂藏。张紫琳，字禹书，号霞房。江苏长洲人。

53. 陈春晖（生卒年不详）《运甓录》，四卷

稿本，天一阁藏。陈春晖，浙江鄞县人。

54. 杜春山（生卒年不详）《剡中古砖录》

杜春山，浙江山阴人。

55. 陈璜（生卒年不详）《百甓斋古砖录》

约成书于道光乙酉、丙戌年间。陈璜，字寄磻。上海人。

56. 许敬彦（生卒年不详）《汉朱书圹砖小记》

河南博物馆馆刊。许敬彦，不详。

跋

　　屈指算来，我从事清中晚期金石学的研究已有八年，而关注吴昌硕，也将近五年了。五年中人事纷冗，先是忙于博物馆的新馆布展工作，后是碌于地方志的编纂，至今犹不得闲，其中甘苦，"如人饮水，冷暖自知"。

　　小书的创作过程，大多是在夜深人静的时候，很多时间是在小女的学琴声中构思、敲字。戋戋小书，要感谢吴民先先生赐序，感谢扬之水先生将拙稿引荐给生活·读书·新知三联书店的吴彬老师，对我而言，这无疑是极大的鼓励；感谢温菊梅女士、朱明岐先生、胡斐先生、苏靖先生、刘荣华女士等无私提供研究相关的资料和藏砖拓本，为拙稿增色甚多。同时，要感谢近林霄、陈钦夫妇所创办的香港近墨堂书法研究基金会为小书出版所提供的经费资助，使本项研究成果能够公之于世，并实践本人学术研究的理想；还要感谢龙德俊先生，从申请基金会资助到本书的出版期间，不厌其烦地邮件往来为我提供帮助；感谢责任编辑杨乐老师，为拙稿指谬、纠错，付出甚多；最后，要感谢父母的养育之恩；感谢妻子孟惠女士，这几年来她承担了几乎全部的家务，让我得以在繁忙的工作之余有时间从事研究；以及小女梅晔如所带来的快乐和欣慰。于此，方知一切言语是何等的苍白和无力，不能表达我内心谢意之万一。同时，拙稿还斟酌参考了部分网络资料，也在此一并致谢。

我学无专长，且蜗居一隅之地，囿于见闻，因此，本书一定存有很多谬误之处，恳请诸方家，在阅读过程中能够给予指谬、赐正（E-mail：hzlhyms@163.com），则感谢无已。江南仲春，杂花生树。虽不见群莺乱飞，然蜜蜂嗡嗡，却也别有趣味。是为记。

乙未谷雨后五日，梅松于小红木瓜馆